Hans J. Mayland

Aquarienfischzucht

Eine Einführung in die Zucht
von Süßwasserfischen mit 56 Bildern
im Text und 16 Schwarzweißfotos
auf Kunstdrucktafeln

Lehrmeister-Bücherei Nr. 1029
Albrecht Philler Verlag · 495 Minden

Bildnachweis:

Das Umschlagbild zeigt ein Paar Kampffische (Betta splendens) beim Laichen. Das Weibchen ist in der Umklammerung des Männchens mit dem Bauch nach oben und stößt gerade eine kleine Menge Eier aus. Im allgemeinen sind es 15 bis 20 Eier bei jeder Paarung; insgesamt werden es nach Abschluß des Laichens etwa 300 sein. Die Eier sinken zu Boden, werden vom Männchen aufgesammelt und in das Schaumnest gespuckt, dessen Ausläufer im Bild noch zu sehen sind.

Farbfoto: Hilmar Hansen, Berlin

Fotos der Bildtafeln: Rudolf Zukal, Brünn

Zeichnungen
7–17, 19: Ursula und Dieter Gielnik, Wiesbaden
18, 20–56: Burkard Kahl, Stuttgart
1–6: Werner Netzeband, Minden

Satz: E. Sommer, Ahlen
Druck: Albrecht Philler Verlag, Minden
Bindearbeiten: Heinrich Altvater KG, Minden-Todtenhausen
ISBN 3 7907 1029 6
3877110

Inhaltsverzeichnis

I. Die Voraussetzungen

Kein Aquarianer beginnt damit, daß er plötzlich die Absicht bekunden würde, nun Fische zu züchten. Wie jedes Hobby fängt auch die Aquarienfischzucht zuerst einmal damit an, daß man sich kennenlernen muß. Der zukünftige Aquarianer findet ein Aquarium schön, das er irgendwo gesehen hat. Er möchte auch eines besitzen. Es wird ein Becken eingerichtet, er lernt seine Fische kennen – seine Fische lernen ihn kennen. Wenn man miteinander bekannt ist, weiß man auch bald, was man voneinander zu halten hat.

Der Vergleich zu zwischenmenschlichen Beziehungen drängt sich auf. Auch bei dem, was viele von uns unter „Glück" verstehen, bekundet zuerst einmal die eine Seite Interesse. Man lernt sich kennen und gewöhnt sich aneinander. Es ist beglükkend, sich zu sehen und viele schöne Stunden werden miteinander verbracht. Schließlich will man mehr! Doch hier will ich schleunigst wieder zur Aquaristik kommen, denn auch der Aquarianer will nach einer Weile gleichmäßigen Nebeneinanderlebens mehr. Das beginnt meist damit, daß die wohl am häufigsten in unseren Aquarien gehaltenen Lebendgebärenden Zahnkarpfen *(Poeciliidae)* eines Tages Junge bekommen. Plötzlich ist etwas Neues da! Ein nie gekanntes Gefühl zu ihrem Hobby überkommt die meisten Aquarienfreunde, wenn sie zum ersten Mal „Vater" werden. Es ist zwar schon eine Weile her, aber ich erinnere mich noch heute genau an den Tag, als mich meine Frau an einem schönen Sonntagmorgen aus dem Bett vors Aquarium schleppte, ins Becken deutete und nur sagte: „Kuck mal da!" Hätte ich selbst einen größeren Beitrag zur Nachkommenschaft meiner Pfleglinge geleistet, ich hätte nicht stolzer sein können.

Nun hat das, was mir da beschert wurde, ja im eigentlichen Sinn noch nichts mit Züchten zu tun. Hier hat der Pfleger allenfalls und meist unbewußt günstige Voraussetzungen zur Vermehrung der Fische geschaffen. Oft jedoch gibt so ein Fisch-Nachwuchs den Anstoß zu neuen Taten. Erst jetzt macht sich der Aquarienfreund Gedanken darüber, welche Voraussetzungen nötig sind, damit auch andere Fische, nicht nur die „einfachen", sich vermehren, d. h. Eier legen und (günstigenfalls) Junge großziehen.

Wer sich nicht selbst einige Enttäuschungen verschaffen will, sollte darum auch in der Reihenfolge der Schwierigkeit der Fischzucht Schritt für Schritt vorgehen. Nicht jeder Fischliebhaber hat heutzutage noch die guten Nerven unserer Vorgänger vergangener Jahrzehnte. Trotzdem ist jegliche Zucht kein Ding für Ungeduldige. Der zukünftige Züchter braucht mehr Kenntnisse als die, mit denen er sein Hobby begann. Vielerlei Fragen der Biologie, der Physik und vor allem der Wasserchemie gilt es zu lösen, will man einigermaßen erfolgreich sein, und gerade die soeben erwähnte Ungeduld darf nicht dazu führen, gleich nach dem ersten Mißerfolg die Flinte ins Korn zu werfen. Man muß nach den Fehlern suchen, die wahrscheinlich gemacht wurden. Fühlen Sie sich wie ein Forscher, und haben Sie keine Scheu, auch einmal einen „alten Hasen" zu fragen. Nicht jeder weiß alles, doch gibt es auch in der Aquarienfischzucht viele kleine Kniffe und Hausrezepte, auf die einige Pfleger Stein und Bein schwören.

Wer sich überheblich schon nach kurzer Zeit für eine „Kanone" unter den Züchtern hält, wird sicherlich bald eines besseren belehrt. Es gibt ja ungezählte Arten, deren Familien ähnliche Zuchtgewohnheiten haben. Manche laichen an Pflanzen, andere an Steinen; viele ziehen die Wasseroberfläche als Eiablage vor und bauen ein Schaumnest in den Schwimmpflanzen und wieder andere laichen in Höhlen ab und ziehen ihre Kinder im Maul heran. Die Aufzählung der Möglichkeiten ist noch nicht beendet, doch sollte auch nur einmal die Vielfalt dessen wiedergegeben werden, was ein zukünftiger Züchter für Auswahl hat bzw. welche Umstände ihm die Fische machen können.

Können Fische, mit denen man züchten will, ihrem Pfleger denn überhaupt Umstände machen? Um diese Frage beantworten zu können, muß der Aquarianer sich zuerst selbst einige stellen. Ich finde, es hat wenig Sinn, mit Arten zu beginnen, zu deren Zucht extrem weiches Wasser benötigt wird, wenn aus der Hausleitung beispielsweise 30° DH fließen. Das dauernde Wasserholen aus kilometerentfernten Gebieten kann man nur von einem wirklich Besessenen auf die Dauer verlangen. Was kann man denn tun? Wie soll man beginnen? Ganz einfach: man sollte zuerst einmal einige Lektüre wälzen. Es müssen keine dicken Bücher sein, die vielleicht zu wissenschaftlich geschrieben sind. Ein Büchlein wie dieses genügt zumindest für den Anfang. Da gibt es zwei Themen, die besondere Aufmerksamkeit verdienen: Die Chemie des Wassers, die man kennen muß, 1. um die erwähnten Ansprüche der Fische begreifen zu können und 2. soll man dann ja in der Lage sein, dieses Wasser z. B. selbst herzustellen, so daß die Fische sich darin nicht nur wohlfühlen sondern auch ablaichen (s. LB 72 „Das richtige Aquarienwasser"). Das andere Thema ist die Biologie der Fischfamilien und -arten. Die meisten Fische brauchen unterschiedliche Einrichtungen in den Aquarien, in denen man züchten will. Diese müssen dem jeweiligen späteren Laichverhalten angepaßt sein. Schließlich geht es noch um die Aquarien selbst. Wirklich erfolgreiche Nachzuchten stammen niemals aus einem Gesellschaftsbecken. Zuchtanlagen sehen anders aus. Sie bestehen — je nach Fischart natürlich — aus mittelgroßen Becken, die, wegen der Hygiene, heutzutage rahmenlos (Nur-Glas) erstellt werden.

Welchen Sinn haben die Nachzuchten?

Zuerst einmal einen wesentlichen, der wohl alle Aquarianer angeht: Die Preise für die Tiere sollen in Grenzen gehalten werden. Es ist ja wohl keinem Aquarianer ein Geheimnis geblieben, daß Nachzuchten, besonders wenn die Fische sehr viele Nachkommen produzieren, billiger sind als Neuimporte. Das ist der eine Grund. Der andere liegt darin, daß man selbst die riesigen Gebiete der Gewässer Südamerikas überfischen kann, d. h. man fängt mehr Fische weg, als von diesen durch natürliche Vermehrung „nachgeliefert“ werden können. Von den Fängen der ausländischen Exportstationen erreichen nur Bruchteile die Aquarien der Fischfreunde. Ein großer Teil geht auf dem Transport verloren. Die Frachtkosten von anderen Erdteilen sind auch nicht billig – schließlich bezahlen wir ja in erster Linie das Wasser, in dem die Fische zu uns befördert werden. Es soll uns ein Trost sein, daß Wildfänge gar nicht so widerstandsfähig sind wie Nachzuchten. Bei bestimmten Arten werden sie nur für Züchtereien importiert, um den Rassen wieder „frisches Blut“ zuzuführen.

Der Sinn der Nachzuchten ist also, wie wir sahen, in erster Linie in der Verbilligung des Marktangebotes zu sehen – aus kommerzieller Sicht! Für den Aquarianer ist der Sinn seiner Nachzuchten ganz anders einzuordnen. Für ihn steht ja nicht das Geschäft im Vordergrund. Schön, wenn dabei einmal ein paar Märkchen abfallen, ist das ganz gut. Meist jedoch deckt dieses Geld gerade einen Teil der Investitionen, die der Hobby-Züchter vorgestreckt hat.

Becken für Zucht und Aufzucht

Wie schon der Titel sagt, müssen Zucht und Aufzucht nicht dasselbe sein und erst recht nicht im gleichen Aquarium stattfinden. Da in Gesellschaftsaquarien Zuchten meist nur durch Zufall gelingen (viele darin mitgepflegte Tiere wie Schnecken und räuberische Arten anderer Familien betrachten Eier und Jungfische als willkommene Bereicherung der Speisekarte) ist es naheliegend, für Zuchtzwecke gesonderte, möglichst den Ansprüchen der Zuchttiere nahekommende Aquarien einzurichten. Diese Methode hat sich als die sicherste und wohl auch produktivste erwiesen. Warum? Zuerst einmal soll der Züchter seine Fische in einem speziellen Becken besser beobachten können. Die Tiere werden nicht durch mitschwimmende „Unruhestifter" von dem ihnen zugedachten „Geschäft" abgelenkt. Aus diesem Grund hat auch ein Zucht-Aquarium nichts mit einem Schaubecken gemein, denn all das, was neben den Fischen sonst die „Schau" ausmacht, fehlt hier. Je nach Art sind die Becken sehr bescheiden eingerichtet. Nur, wenn es unbedingt sein muß, wird Bodengrund oder eine Pflanze mit Topf eingebracht. Auch Versteckmöglichkeiten, die die meisten Fische lieben, fehlen demnach oft völlig. Das Aquarium (oder die Zuchtfabrik) ist nur auf Produktion eingerichtet.

Nun ist ja die Fischzucht nicht nur eine Frage des „gewußt wie", sondern vor allem ein Geduldsspiel! Nichts läßt sich genau vorberechnen, nichts erzwingen. Viele Züchter reden von Tricks und Kunstgriffen, meist sind sie harmloser Natur und man kann darüber lächeln. Wissenschaftlich arbeitende Liebhaber können natürlich einiges mehr tun. Aber wie man es auch besieht: Das erste und wichtigste Element in einem Zuchtaquarium ist seine Übersichtlichkeit. Mitunter muß der Züchter schnell handeln. Er muß Eier, Jungtiere oder auch die Eltern entfernen können. Er muß totes oder zuviel gegebenes Futter absaugen ohne etwas Falsches aus dem Wasser zu entfernen. All das kann nicht in einem Becken geschehen, das mit Steinen, Wurzeln und Pflanzen „volldekoriert" ist.

Wenn wir nun ins Detail gehen, stellen wir fest, daß wir häufig für verschiedene Arten auch verschieden geartete Becken benötigen. Wie schon vorher erwähnt, haben sich für züchterische Zwecke in den letzten Jahren die Nur-Glas-Aquarien mehr und mehr durchgesetzt. Es sind dies Becken, die ganz ohne Rahmen gearbeitet sind. Das Glas selbst ist das tragende Element. Die Scheiben sind (meist nach einem bestimmten Schema) so zusammengesetzt, daß der in die Fugen gegebene Siliconkautschuk das Bindemittel ist. Durch diese neuartige Verklebetechnik können die Vorteile des Gestell-(Rahmen-)aquariums mit dem des Vollglasbeckens vereint werden. In den

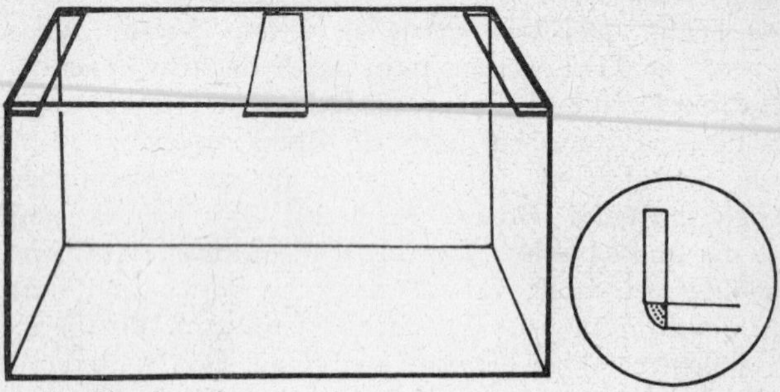

Abb. 1 Nur-Glas-Aquarium

meisten Fällen ist der verwendete Kautschuk völlig neutral, jedoch seien Selbst-Hersteller gewarnt! Überzeugen Sie sich rechtzeitig nach dem Härtungssystem des Materials. Phenolverbindungen sind das Schlechteste, was Sie sich antun können. Ein Härtungssystem auf Essigsäurebasis (z. B. Bostik 3020 GE-Silikon) dagegen kann später keinen Kummer bereiten. Das Lösungsmittel hat sich in vielen tausend Fällen als völlig einwandfrei erwiesen.

Wie sollen Aquarium und – wenn überhaupt – Einrichtung beschaffen sein? Da wäre zuerst einmal die Form der Behälter. Es ist klar, daß hochflossige Fische ein höheres Zuchtbecken benötigen als etwa Oberflächenlaicher, die ein Schaumnest bauen. Im Mittel werden drei oder vier verschiedenartige Bekkentypen für die durchschnittlich gezüchteten Arten benötigt.

Es sind dies:

1. Das Aquarium normaler Norm, das man in jedem Zoo-Geschäft kaufen kann. Wir benutzen es zur Zucht von Salmlern, Barben und Bärblingen. Nach Unterschieden im Laichverhalten sowie je nach Größe der Art und der Elterntiere soll die Größe des Zuchtaquariums beschaffen sein.

2. Becken, die höher als lang sind, benutzen wir zur Zucht hochflossiger Arten (Skalare). Das Liebesspiel dieser Tiere begrenzt sich auf relativ engem Raum.

3. Lange, flache Aquarien weisen meist beim ersten Anblick schon den Züchter aus. Sie werden als Schaubecken nie benutzt, da die Frontscheibe nicht groß genug ist. Arten, die beim Liebesspiel stark treiben und dabei schnell und weit schwimmen, wie etwa verschiedene Arten der Bärblinge (Danios) und Salmler werden in solchen Becken gezüchtet. Ebensolche Verwendung finden diese Behälter bei der Zucht von Oberflächenschwimmern (Hechtlinge) und Schaumnestbauern (Kampffische).

Für viele Züchtungen werden mehrere (meist zwei) Becken benötigt. Sei es, um den Laich umzusetzen oder die Alttiere (die sich an ihm vergreifen). Für die spätere Aufzucht der Jungfische, bei denen wir es ja oft mit sehr vielen Tieren zu tun haben, wird natürlich unter Umständen ebenfalls ein zweites oder drittes Becken benötigt. Aus den verschiedensten Gründen (s. a. Kapitel „Wasser") ziehen wir die Jungtiere in einem Wasser anderer Beschaffenheit groß, wozu natürlich ein zusätzliches Aquarium benötigt wird. Man sieht, Fische züchten k a n n man natürlich in einer Ecke des Wohnzimmers, doch ist es weitaus zweckmäßiger, all die damit zusammenhängenden Dinge in einem gesonderten Raum durchzuführen.

Hygiene groß geschrieben

Bevor wir ein Zuchtaquarium in Betrieb nehmen, bevor wir es also mit Wasser, benötigtem Laichsubstrat, Bodengrund oder auch mit technischem Zubehör (Heizstab) besetzen, muß großer Wert auf Sauberkeit gelegt werden. Warum?

Selbst bei idealen Licht- und Wasserbedingungen sind die Bruten nicht vor Schädlingen und schädigenden Stoffen gefeit, die die Eier verpilzen lassen oder die Jungfische für ihr Leben stark schädigen können. Auch eingeschleppter Schneckenlaich, der sich dann ausgerechnet im falschen Augenblick weiterentwickelt, kann üble Folgen haben. Das Aquarium muß frei sein von Giftstoffen, Krankheitskeimen und Infusorien. Aha, werden Sie sagen: Infusorien! Sie sind doch das Futter für Jungfische! Stimmt. Nur verbirgt sich hinter diesem Begriff ein ganzer Komplex von Kleinstleben (wie sich auch das Plankton aus unzähligen verschiedenen, kleinsten tierischen und pflanzlichen Lebewesen zusammensetzt). So nützlich beispielsweise die Pantoffeltierchen, Rädertierchen und verschiedene Krebschen sind, so schädlich können andere für den Laich sein. Eingeschleppte Würmer, Süßwasserpolypen *(Hydra)* und Pilze wie der Wasserschimmel sind große Feinde für Eier und Jungfische. Von den Krankheitserregern sind die parasitären zum Teil wohlbekannt. Sie befallen nicht den Laich sondern die Jungtiere. Wir kennen die Hauttrüber *(Costia* und *Chilodonella)* und *Oodinium pillularis.*

Infusorien können in riesigen Mengen auftreten, da sie sich schnell vermehren. Sie bilden sich in der Hauptsache dort, wo Fäulnisherde vorhanden sind. Das ist einer der Gründe dafür, daß die Jungfische zwar mäßig, doch regelmäßig gefüttert werden sollen. Kommen die Tierchen nicht mit dem Fressen nach, bilden abgestorbene Futtertiere oder die Reste zerhackten Futters diese Herde, die zur Vermehrung der Infusorien beitragen. Die natürlichen Feinde in der Natur (zu denen auch die Daphnien und Cyclops gehören) sind in Zuchtbecken nicht vorhanden, so daß der Vermehrung dieser kleinen Schädlinge auf natürlichem Weg nicht Einhalt geboten werden kann. Andererseits kann man Wasserflöhe und Ruderfußkrebschen (also Daphnien und Cyclops) nicht zur Jungbrut setzen, da auch sie wiederum die kleinen Fische schädigen.

Wie machen wir ein Aquarium keimfrei? Es gibt viele Chemikalien, die alles Leben abtöten. Es gibt aber dabei solche, deren Rückstände nur mit langzeitiger Nachwässerung entfernt werden können. Diese Supergifte brauchen wir nicht. Verdünnte Salzsäure, Wasserstoffsuperoxyd oder das gebräuchliche Kaliumpermanganat sind für unsere Zwecke geeignet. Wir können das letztere Mittel (natürlich auch andere) in der Apotheke kaufen. Gelöst färbt Kaliumpermanganat das Wasser dunkelrot. Diese Lösung lassen wir 24 Stunden einwirken und wässern dann reichlich mit mehrmaligem Wasserwechsel. Alle später zu verwendenden Geräte wie Heizstab, Filter, Thermometer, Fangnetz und sonstige Dinge werden gleichzeitig mit in die Lösung gegeben und darauf gespült. Auch Dekorationsmaterialien, die für ein spezielles Zuchtaquarium Verwendung finden sollen, gehen den gleichen entkeimenden Weg. Sollen Pflanzen ins Becken eingebracht werden, so müssen auch sie behandelt werden. Zu diesem Zweck legt man die Pflanzen in ein flaches Gefäß (Schale), das man mit einer etwas schwächeren Lösung (rosafarben) des übermangansaurem Kali (Kaliumpermanganat) angefüllt hat. Die Pflanzen sollen spätestens nach 30 Minuten aus der Schale genommen werden. Sie werden dann noch einmal mit nicht zu kaltem Wasser gespült. Natürlich kann auch die altbewährte Alaunlösung verwendet werden. Wir lassen die Pflanzen dann aber nur 10 Minuten in einem Bad, für das wir einen Teelöffel Alaunpulver in einem Liter Wasser lösen. Danach spülen wie beschrieben.

II. Das Wasser

Wer Fische züchten will, muß sich in erster Linie mit der Qualität des Wassers und allen damit zusammenhängenden Fragen befassen. Dieses Lebenselement unserer Pfleglinge ist es, dem dieses Kapitel in ausreichendem Maße gewidmet werden muß. Natürlich gibt es Fische, die nötigenfalls ihre Nachkommen im Einmachglas heranziehen. Das sind jedoch Ausnahmen, und die Mehrzahl der Aquarienbewohner, wenn wir einmal von den Lebendgebärenden absehen, verlangt dem Züchter schon einiges ab, ehe er sich stolz „Fischvater" nennen kann.

Zunächst sollen wir uns einmal fragen, mit welcher Art aus welcher Familie wir einen Zuchtversuch unternehmen wollen. Dazu muß man sich über die Ansprüche dieser Fische klar sein. Sie werden, soweit es der Umfang dieses Buches zuläßt, in einem späteren Kapitel behandelt. Wie sind die Gewässer in der Heimat dieser Fische beschaffen? Tropisches Wasser ist meist recht weich und hat einen in Richtung „sauer" tendierenden pH-Wert. Im Lehrmeister-Buch „Das Aquarium" (LB 48) wurden schon die Themen Wasserhärte und pH-Wert besprochen. Jedoch findet man in Zeitschriften und sonstigen Artikeln bekannter Züchter weitaus mehr Angaben, die dann auch mehr ins Detail gehen. Wichtig für unsere Zuchtversuche ist zum Beispiel die Zusammensetzung der Wasserhärte und ihre Auswirkung auf die Zucht. Weiter lesen wir von elektrischer Leitfähigkeit des Wassers, die durch die darin gelösten anorganischen Salze entsteht. Dazu zählen die Härtebildner, jedoch auch andere Salze (Kochsalz, Nitrat). Diese Leitfähigkeit wird angegeben in Mikro-Siemens (µS). Begriffe wie Altwasser, Schwarzwasser, Vollentsalzung und Osmotischer Druck können dazu führen, daß ein Aquarianer, der ernste Absichten zu Zuchtversuchen hatte, schon die Flinte ins Korn wirft, bevor er noch damit begonnen hat.

Natürlich ist es wichtig, gewisse Grundbegriffe, die immer wieder in der Sprache der Züchter Verwendung finden, gut zu kennen. Wie schon anfangs erwähnt, wird ja auch niemand so vermessen sein, gleich mit als besonders schwierig bekannten Arten eine Zucht zu beginnen.

In der folgenden Aufstellung will ich nun versuchen, die in den Zuchtbesprechungen immer wieder vorkommenden Begriffe zu erläutern.

Wasserhärte. Die Gewässer der tropischen Flüsse, aus denen unsere Fische kommen, sind meist sehr weich. Dagegen ist das

Wasser, das aus unseren Leitungen fließt, in den meisten Fällen wesentlich härter, als wir es für die Fischzucht gebrauchen können. Hartes Wasser enthält viel gelösten Kalk, weiches Wasser entsprechend weniger. Wir müssen unterscheiden zwischen der Karbonathärte (KH) und der Sulfathärte, auch Nichtkarbonathärte (NKH) genannt. Zeitlich bedingt (temporär) ist nur die Karbonathärte. Sie ist die chemische Verbindung des Kalziums und Magnesiums mit der Kohlensäure und läßt sich durch Kochen beseitigen. Die bleibende (permanente) Sulfathärte hat die Anwesenheit von Kalziumsulfat (= Gips) und Magnesiumsalzen zur Ursache. Die deutsche Härte (DH) besagt nicht, daß KH und NKH in ihrer Gesamtheit (DGH) zu einem Gesamtgrad führen müssen! Dieser Gesamtsalzgehalt wird in Härtegraden ausgedrückt. Dabei entspricht ein Härtegrad (1° DH) einer Konzentration von einem Teil Kalk (CaO) in 100 000 Teilen Wasser (= 10 mg CaO/1). Andere Länder rechnen zum Teil noch nach anderen Werten, weshalb die Bezeichnung DH (= Deutsche Härte) den Gesamthärtegrad nach der vorher genannten deutschen Berechnungsart angibt.

Diese Härten zu bestimmen, ist heutzutage nicht schwierig. Die Industrie stellt Meßreagenzien für die Feststellung aller genannten Härtearten her, die im Zoo-Handel zu kaufen sind.

Beide Wasserhärtearten haben negativen Einfluß auf die Zucht und die Jungtiere. Während schon seit langer Zeit Wissenschaftler feststellten, daß ein Zuchtwasser umso geeigneter ist, je geringer sein Anteil an Karbonathärte, haben Versuche in letzter Zeit ergeben, daß auch die Sulfathärte schädigenden Einfluß auf das Wachstum der Jungfische ausübt. Dabei ist für die Reaktion der Jungfische entscheidend, in welchem Wasser sie in ihrem Heimatland leben. Es ist einleuchtend, daß Fische, deren Herkunftsgewässer extrem weich ist, auf höhere Sulfathärtegrade ungünstiger reagieren, als welche, in deren Heimat ohnehin ein härteres Wasser vorherrscht. Versuche haben ergeben, daß diese ungünstigen Reaktionen zu Größenunterschieden im Wachstum führen, die über 40 % liegen können.

pH-Wert. Zu der bereits vorliegenden Besprechung des pH-Wertes in „Das Aquarium" (LB 48) muß, um das Verstehen zu vertiefen, noch gesagt werden, daß alle dort gegebenen Anmerkungen gerade für den Züchter von Wichtigkeit sind. Wir lasen von Säuren und Basen (Laugen). Nun gibt es viele Säuren, wie wir in der Schule gelernt haben. Die bekanntesten aus unserem Bereich sind die Kohlensäure (H_2CO_3), die Salzsäure (HCl) und vielleicht noch die Schwefelsäure (H_2SO_4). Bekanntlich lassen sich alle diese Säuren mit Wasser verdünnen (Lösung). Wir lasen im anderen Buch von der Wasserstoff-Ionen-Konzentration. In den angegebenen chemischen Formeln erscheinen sie als H. Diese Wasserstoff-Ionen sind praktisch die Träger der sauren Reaktion in der Lösung. Durch die Lösung wird beispielsweise die Salzsäure (HCl) aufgespalten in Wasserstoff (H) und Chlor (Cl).

Ähnlich ist es mit den Laugen oder Basen. Ätznatron in Lösung gebracht (Natronlauge = NaOH) zerfällt in Na und OH. Die Träger der alkalischen Reaktion sind also die OH-Ionen.

Ein pH-Wert von 7 ist neutral, liegt also genau in der Mitte zwischen sauer und basisch, das heißt er hat den gleichen Anteil von H- und OH-Ionen. Steigt der Anteil der H-Ionen, so steigt damit der Säureanteil: der pH-Wert sinkt unter 7. Im umgekehrten Fall steigt der pH-Wert beim Ansteigen der OH-Ionen. Die Anzeige des pH-Wertes erfolgt immer in Zehnteln hinter dem Komma (6,5 / 7,3 oder ähnlich). Hier sollte einmal deutlich geklärt werden, daß jeweils ein Zehntel (!) dem doppelten Anteil an Säure oder Base entspricht. Ein Wasser mit beispielsweise 5,5 ist demnach zehnmal so sauer wie eines mit 6,5 pH!

Elektrische Leitfähigkeit. Sicher haben Sie schon einmal destilliertes Wasser in die Nachfüllöffnungen Ihrer Auto-Batterie gegossen. Abgesehen von nicht stattfindenden Kalkabsonderungen innerhalb des Batteriegehäuses besitzt dieses Wasser noch eine entscheidende Eigenschaft: Es hat keine elektrische Leitfähigkeit. Was hat dieses Beispiel nun mit Aquarienfischzucht zu tun? Auch die Leitfähigkeit unseres Aquarienwassers ist von der Menge der darin gelösten elektrisch geladenen Teile, den Ionen, über die wir im vorigen Kapitel gelesen haben, abhängig. Die im Waser gelösten Salze, also die Mineralstoffe, die z. B. die Wasserhärte verursachen, wie auch Kochsalz und Nitrat gehören dazu. Die tropischen Gebiete, aus denen unsere Warmwasserfische kommen und somit auch deren Gewässer sind arm an derartigen Mineralstoffen. Die Heimatgewässer der meisten tropischen Aquarienfische haben daher eine extrem niedrige Leitfähigkeit. Wie beim Ermitteln der Dichte des Meereswassers ist auch das Meßergebnis der Feststellung der Leitfähigkeit eines Aquarienwassers abhängig von der Temperatur der Flüssigkeit. Die Angabe der Leitfähigkeit erfolgt in Mikro-Siemens (µS). Die korrekte Beurteilung des Zuchtwassers ist ohne Feststellung des Gesamtsalzgehaltes bzw. der Leitfähigkeit nicht möglich. Die Firma Tunze hat, speziell für die aquaristische Praxis, einen kleinen Leitwertmesser in handlicher Taschenform auf den Markt gebracht, den sich auch ernsthafte Interessenten durchaus leisten können. Dieses Gerät hat ein direktanzeigendes Präzisionswerk, d. h. das Meßergebnis kann sofort am Zeiger der Skala abgelesen werden. Der Meßbereich von 1 bis 4000 µS bei 20° C erlaubt im Bereich von 1 bis 300 µS eine genaue und für den restlichen Bereich eine ausreichende informatorische Ablesbarkeit.

Da wir für unsere exotischen Fische meist ein Wasser mit einem niedrigen Leitwert anstreben müssen (s. a. LB 72, „Das richtige Aquarienwasser"), könnte man annehmen, daß ein destilliertes Wasser keine Leitfähigkeit besäße und daher als Zubereitungsbasis ideal wäre. Natürlich verwenden wir der Einfachheit halber destilliertes Wasser, jedoch hat auch dieses Wasser noch einen Leitwert, der zwischen 0,2 und 4 µS liegen kann. Die Idealwerte zur Zucht der einzelnen Arten zu finden, sollte Sache des Züchters sein. Es sind ja gerade die sogenannten Problemfische, die bei zu geringer Leitfähigkeit des Wassers Kummer bereiten. Im Grunde sind es nicht die Alttiere selbst, sondern ihre Eier. Ist ein Wasser stark salzhaltiger als der Zellinhalt des Eies, so wird dieses durch die Druckdifferenz stark geschädigt, was zum Verlust der einzelnen Eier und damit des ganzen Geleges führt. Der Unterschied im **osmotischen Druck** zwischen den Ei- und Samenzellen, die mit einer dünnen Haut (Membran) umgeben sind, einerseits und dem umgebenden Wasser andererseits sorgt dafür, daß durch die sogenannte Osmose den Zellen innerhalb des Membrans durch dieses Membran hindurch Wasser entzogen wird. Da die Wasserkonzentration in den Eiern durch Gesetze der Natur gegeben ist, kann das Ei nach dem Wasserentzug nicht weiter leben. Es stirbt ab und verpilzt – wie wir meist der Einfachheit halber sagen. Dieser osmotische Druck, der ja nichts anderes ist als das Schaffen eines Ausgleiches nach innen oder außen, zwingt den Züchter, den Zuchtpaaren, und damit den Eiern, ein dem Druck der Ei-Innenlösung angepaßtes Zuchtwasser zu schaffen. Kleine Abweichungen werden von der Zelle noch reguliert, größere lassen sie schrumpfen (Wasserentzug durch zu hohen Außendruck) oder platzen (Wasseraufnahme der Zellen durch zu schwachen Druck von außen).

Zu welchem Schluß kommt der Züchter? Da, wie schon gesagt, das Wasser der Heimatländer unserer tropischen Fische meist sehr weich und mineralarm ist, hat es auch einen geringen osmotischen Druck. Es gilt also, diesen Druck, der in unserem Wasser fast immer höher ist, herabzusetzen. Dabei bedienen wir uns der Zugabe von destilliertem Wasser. Wer sauberes, mineralarmes Wasser zur Verfügung hat (Leitfähigkeit messen), kann das natürlich unter Umständen ohne Zugaben verwenden.

Jeder, der dieses jetzt liest, denkt ja mit Sicherheit an **Regenwasser.** Bekanntlich ist Regenwasser sehr weich. Aus der Meeresaquaristik wissen wir, daß immer nur das „süße" Wasser verdunstet. Mit anderen Worten, die Mineralsalze bleiben in Lösung. Will man im Meerwasser-Aquarium verdunstetes Wasser nachfüllen, so nimmt man dazu nur normales Süßwasser. Atmosphärische Verunreinigungen tragen jedoch dazu bei, daß auch hier die Industrie selbst dem Regenwasser den Stempel „nur bedingt zu verwenden" aufdrückt. Sind Industriebetriebe weit entfernt, so kann das Wasser möglicherweise seinen Zweck erfüllen, doch sollten separate Auffangvorrichtungen geschaffen werden, um das Wasser zu sammeln. Folienüberdeckte Gestänge in Verbindung mit Plastik-Eimern tun hier ihren Dienst.

Destilliertes Wasser für die Fischzucht sollten wir nicht bei einer Tankstelle, sondern in der Apotheke beschaffen; wenn wir es nicht selbst herstellen wollen. Daß ein zu mineralarmes Wasser die Fischeier genau so schädigen kann wie ein zu mineralhaltiges, haben Sie schon gelesen. Demnach ist klar: Destilliertes Wasser kann niemals ohne weitere Aufbereitung zur Zucht Verwendung finden. **Die Aufbereitung des Zuchtwassers** beginnt mit dem Messen der Karbonathärte. Wenn wir dabei berücksichtigen, daß 1 Grad Karbonathärte eine Leitfähigkeit von 30 µS hat und auch der Mittelwert des meisten destillierten Wassers noch um 2 µS liegt, sind die Grundlagen für unsere Mischung schon einmal gegeben.

Beispiel Nr. 1: Suche nach dem Mischungsverhältnis, bezogen auf den Leitwert.

Uns steht ein Leitungswasser mit einer Karbonathärte von 15° zur Verfügung = 15 x 30 = 450 µS. Das gewünschte Zuchtwasser soll aber nur einen Leitwert von 50 µS haben. Somit ergibt sich unter Berücksichtigung der 2 µS beim destillierten Wasser die Mischung:

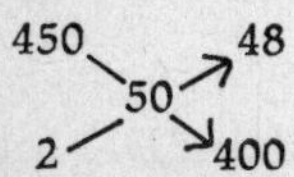

Ergebnis: Wir müssen 48 Teile Leitungswasser mit 400 Teilen destilliertem Wasser mischen, um ein Zuchtwasser von 50 µS Leitfähigkeit zu erhalten.

Beispiel Nr. 2: Suche nach dem Mischungsverhältnis, bezogen auf die Karbonathärte.

Uns steht wieder ein Leitungswasser mit einer Karbonathärte von 15° zur Verfügung. Das gewünschte Zuchtwasser soll jedoch nur eine Härte von 1° KH haben. Unter Berücksichtigung von 0° KH bei destilliertem Wasser ergibt sich folgende Mischung:

Ergebnis: Wir müssen einen Teil Leitungswasser mit 14 Teilen destilliertem Wasser mischen, um ein Zuchtwasser von 1° KH zu erhalten.

Die Herstellung destillierten Wassers wurde in früheren Jahren durch Verdampfen und abschließende Abkühlung (Kondensierung) gewonnen. Heute ist es modern geworden, sich wissenschaftlicher auszudrücken. Man spricht von Ionenaustausch (Anionen und Kationen). Durch eine Kombination des Kationenaustauschers mit dem Anionenaustauscher können wir das Wasser von allen Mineralsalzen und anderen Härtebildnern restlos befreien: es „vollentsalzen". Der Prozeß der Vollentsalzung ist kompliziert und es würde den Rahmen dieses Buches sprengen, hier ins Detail zu gehen. Interessenten finden in dem schon erwähnten LB 72 „Das richtige Aquarienwasser" ausführliche Auskunft über die chemisch-physikalischen Zusammenhänge.

Der Erfolg einer Zucht ist nicht nur abhängig von der geringen Härte und der damit meist verbundenen geringen Leitfähigkeit des Aquarienwassers. Das Wasser muß auch frei von jeder Trübung sein. Dabei ist die optische Reinheit des Wassers nicht mit seiner Färbung zu verwechseln! Wir wissen aus früheren Beschreibungen, die inzwischen als antiquiert angesehen werden müssen, daß gelbliches oder bräunliches sogenanntes Altwasser nicht nur nicht gut für unsere Fische, sondern vielmehr schädlich für ihr Wohlbefinden ist. Für die Fischzucht ist nur frisches Wasser brauchbar. Das heißt nun nicht, daß wir unter „frisch" das Originalwasser aus der Leitung verstehen können. Wie Sie schon lasen, muß das Wasser erst zu dem gemacht werden, was den Fischen und ihren Eiern gut tut und von Nutzen ist. Zu dem, was der Züchter für seine Tiere durchaus nicht mag, gehört das getrübte Wasser. Fische, Brut und Pflanzen reagieren stark negativ auf derartige Wassertrübungen. Sie haben, trotz Filterung, ihren Ursprung in bakterieller „Überproduktion". Mit einem teilweisen Wasserwechsel kann dem nicht abgeholfen werden: Im Gegenteil! Den Bakterien werden mit dem Frischwasser nur neue Nährstoffe zugeführt, was zum weiteren Ansteigen der Trübung beiträgt. Abhilfe kann man auf zwei Arten schaffen.

Die Behandlung des Zuchtwassers, wie wir es einmal wieder nennen wollen, **mit einem UV-Strahler** führt zu einer schnellen und auch für das Auge effektvollen Wasserklärung durch Abtöten der Bakterienkeime. Das Gerät arbeitet derart, daß das Aquarienwasser durch den Druck der Filterpumpe oder einen Luftheber an der UV-Röhre im Inneren des Gerätes vorbeigeführt wird.

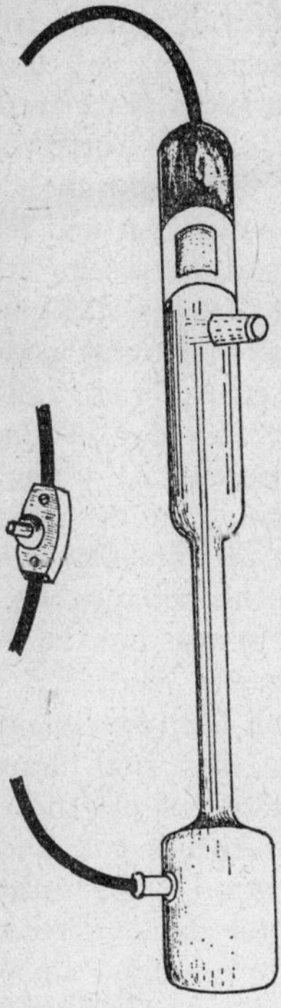

Abb. 2 UV-Strahler zum Betrieb mit Membran-Luftpumpe

Die **Filterung über Torf** wäre ein zweiter Weg. Es gibt Tiere, die in ihren Heimatgewässern in stark saurem Wasser leben (z. B. im Schwarzwasser des Rio Negro). So ist torfgefiltertes Wasser gerade bei diesen Fischen dem Züchter eine große Hilfe. Durch die darin gelösten Huminsubstanzen wird eine Bakterienvermehrung stark gehemmt. Da das über Torf gefilterte Aquarienwasser leicht braun bis mittelbraun gefärbt ist, wirkt alles Leben im Becken oft etwas düster. Das soll uns jedoch nicht täuschen. Unerwünschter Algenwuchs wird zwar gebremst, den meisten Pflanzen bekommt jedoch die Torffilterung recht gut. Eine zusätzliche Filterung über Aktivkohle würde die Huminstoffe dem Wasser wieder entziehen und ist daher in diesem Zusammenhang unsinnig. Andererseits ist auch die Wirkung der Huminstoffe begrenzt. In regelmäßigen Abständen von 3—4 Wochen sollte der Inhalt der meist doch recht kleinen Filter erneuert werden. Ein zusätzliches Teilerneuern des Aquarienwassers von 25—35 % in der Woche tut allen Insassen gut. Aber auch hier ist darauf zu achten, daß die Wasserqualitäten in punkto KH und µS nicht allzu stark voneinander abweichen. Es erscheint zweckmäßig, die Zufuhr des Frischwassers über einen dünnen Luftschlauch vorzunehmen, damit sich das Wasser langsam vermischen kann und die Tiere kleine Änderungen der Werte besser „verdauen".

Wasser für die Aufzucht der Jungfische muß nicht zwingend mit dem aus dem Ablaichbecken identisch sein, doch sind Jungfische meist recht empfindlich in ihrer Reaktion auf plötzliche Änderungen in der Wasserbeschaffenheit. Natürlich soll und kann dem späteren Pfleger der ausgewachsenen Tiere nicht zugemutet werden, nun laufend das Spiel mit dem Leitwert und dem osmotischen Druck zu betreiben. Bekannt ist allerdings — und das wurde auch schon beim Thema „Wasserhärte" erwähnt —, daß Jungfische, die in weichem, mineralarmen Wasser das Licht der Welt erblickt haben, in solchem Wasser auch besser heranwachsen. Wie neueste Versuche ergeben haben, spielt für den Wachstumsprozeß auch das Vorhandensein einer möglichst nur geringen Sulfat- oder Nichtkarbonathärte (NKH) eine Rolle. Der Gips, das Kalziumsulfat, übt einen negativen Einfluß auf das Wachstum der Jungfische aus, die aus sehr weichen Heimatgewässern stammen. Die Reaktion scheint auch durch generationenlange Pflege in Wasser höherer Härtegrade nicht beeinflußt zu werden. Es ist auch sicher hier eine der Ursachen zu sehen, wenn bei den immer kleiner werdenden Nachzuchttieren mancher Arten von Degeneration gesprochen wird. Wir sehen: Zumindest bis zu einer gewissen Fischgröße soll der Weichheitsgrad des Wassers beibehalten werden.

III. Hilfsmittel des Züchters

Nicht alle Fischeltern sind „wohlerzogen". Manche entpuppen sich bald schon nach der Eiablage als arge Laichräuber oder ihr Kannibalismus tritt erst nach dem Schlüpfen der Jungfische zu Tage. Ein Hilfsmittel dagegen sind die Ablaichkästen. Diese

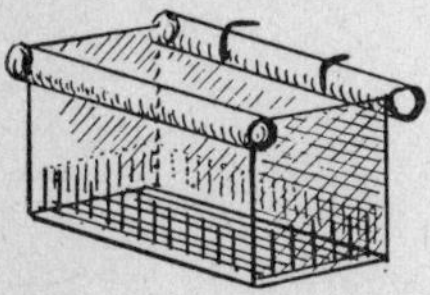

Abb. 3 Laichkasten mit seitlichen Schwimmern

Kästen, meist aus durchsichtigem Kunststoff, sind so gebaut, daß sie sich in ein Aquarium schwimmend einsetzen lassen. Seitlich angebrachte kleine Öffnungen sorgen für einen Wasseraustausch. Ein in der Mitte angebrachtes horizontales Laichsieb hat so große Öffnungen, daß Eier oder Jungfische (bei Lebendgebärenden) durch sie hindurch in den tieferen Teil gelangen können, ohne daß ihnen die freßbegierigen Elterntiere folgen. Ist der Laich- oder Gebärprozeß beendet, kann man die erwachsenen Fische mühelos entfernen.

Freilaicher haben die Angewohnheit, ihre Eier irgendwohin abzulegen. Sie fallen dann meist zu Boden und werden nur zu oft ein Fressen für fremde oder auch die Elternfische. Werden die Fische in ein speziell für die Zucht erstelltes Becken gebracht, so sollte auch darin ein genau passender Laichrost nicht fehlen, den sich jeder Aquarianer aus einfachen durchsichtigen

Luftrohren im Handumdrehen selbst bauen kann. Eine weitere empfehlenswerte Methode ist das Einbringen von Glasmurmeln auf dem gesamten Aquarienboden. Auch hier können die Eier durch die Zwischenräume fallen und sind dann unerreichbar für Räuber. Welche Methode praktischer bzw. preisgünstiger ist, muß jeder Züchter selbst ermitteln.

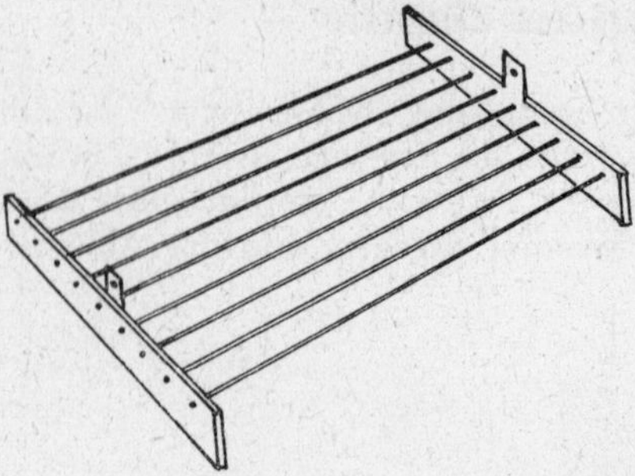

Abb. 4 Kunststoffbecken und Vollglas-Aquarium. Den abgebildeten Laichrost kann man sich passend selbst herstellen (s. LB 49, MAYLAND, Aquarianers Bastelbuch)

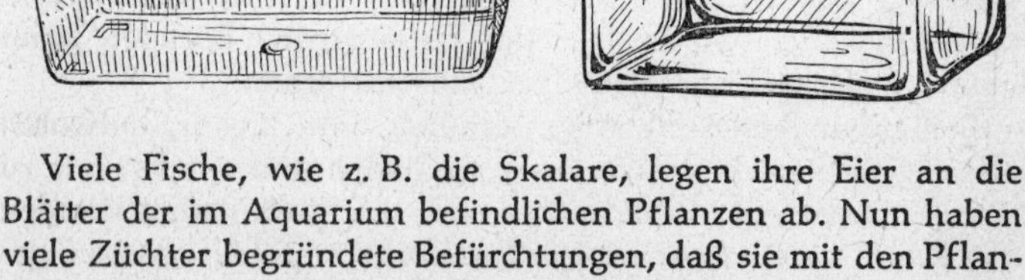

Viele Fische, wie z. B. die Skalare, legen ihre Eier an die Blätter der im Aquarium befindlichen Pflanzen ab. Nun haben viele Züchter begründete Befürchtungen, daß sie mit den Pflanzen, Töpfen und Wurzelballen unüberschaubar viele „Zuchtfeinde“ ins Becken bringen. Daher verwendet man heute schon vielerorts künstliche Pflanzen: Den Fischen macht es nicht aus, an welche Pflanze — echt oder unecht — sie ihre Eier heften, vorausgesetzt, das Substrat (der Laichträger, die Unterlage für die Eiablage) sagt ihnen zu. Unser Skalar wird also an einer künstlichen Amazonas-Schwertpflanze genausogut seine Eier ablegen wie an einer lebenden. Diese künstlichen Pflanzen können natürlich ebenso Schneckenlaich und andere Dinge ins Zuchtbecken einschleppen, doch lassen sie sich wesentlich problemloser säubern als echte. Sind die Fischchen erst einmal geschlüpft und benötigen Verstecke, um der Verfolgung durch größere Fische zu entgehen, so tun die echten Pflanzen nach meinem Gefühl den Kleinen bessere Dienste als das künstliche Gespinst, das als Javamoos-Ersatz gedacht ist, zumal die echten Pflanzen dann für die Ernährung der Jungfische eine Bedeutung haben. Zwischen ihren Blättern lebt ja auch die Welt der Mikro-Organismen, das Futter für die Kleinsten.

Weitere Laichsubstrate sind Steine, halbe Blumentöpfe und die Schalen halber Kokosnüsse für Höhlenbrüter. Alle Teile müssen vor dem Einbringen gut gesäubert werden (s. Kap. „Hygiene“). Torffasern sind ebenfalls ein Substrat, in das Eierlegende Zahnkarpfen, die Killifische, ihre Eier abgeben. Durch die bakterienhemmende Eigenschaft des Torfes, über die wir schon im vorangegangenen Kapitel gelesen haben, sind die Eier hier gut untergebracht. Das Material tauchen wir kurz vor dem Einbringen in kochendes Wasser. Ein zu langes Verweilen in der heißen Flüssigkeit würde dem Torf zu viel Huminsäure entziehen.

Die im vorigen Kapitel besprochenene Torffilterung kann natürlich über einen Außenfilter erfolgen. Sind die Jungfische aber erst einmal geschlüpft und schwimmen auf „Entdeckungsreise“ im Becken umher, kann es sehr leicht vorkommen, daß die Kleinen in den Einlauf zum Filter gelangen. Ich habe früher oft erlebt, wie die Fischchen in meinem Aquarium immer weniger wurden, bis ich sie eines Tages in einem Teil des Filters (einem kleinen Außenfilter mit Luftheber) noch lebend wieder-

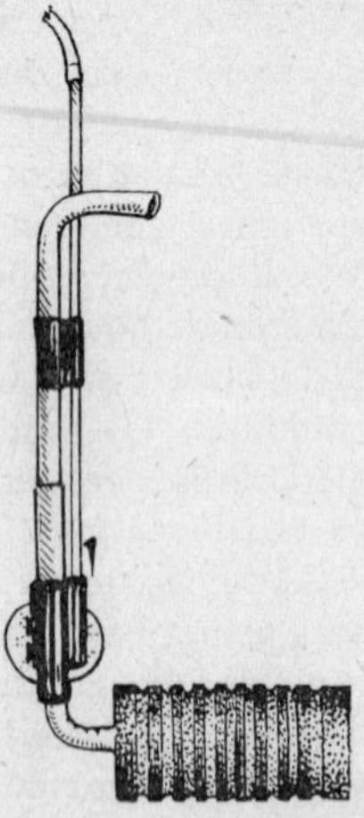

Abb. 5 Innenfilter mit Schaumstoffpatrone

fand. Genausogut können die Tierchen aber auch tot in der Filtermasse liegen und wir finden sie nicht mehr. Daher ist zu überlegen, ob nicht zweckmäßigerweise von vornherein die Torffilterung separat über einen provisorischen Ansäuerungsfilter (Marmeladen- oder Einmachglas mit umgestülptem Trichter und Ausströmerstein) vorgenommen werden sollte. Die Filterung des groben Schmutzes kann dann ein Schaumstoff-Innenfilter (Abb. 5) übernehmen, der getrost eine schnelle Wasserumwälzung haben darf. Durch die aufgesteckte, auswechselbare Schaumstoffpatrone kann kein Fischchen in das Rohr gelangen und selbst wenn, dann würde es durch den Auslauf wieder in das Becken finden.

Der Lichtbedarf der einzelnen Arten bei der Vermehrung ist recht unterschiedlich. Dem kann sich der Züchter insofern anpassen, als die Abdeckleuchte nicht mit den üblichen Leuchtstoffröhren, sondern mit simplen röhrenförmigen Glühlampen bestückt wird. Durch das Vorschalten eines heute überall käuflichen Regelwiderstandes läßt sich das Licht im Becken den individuellen Wünschen der Pfleglinge exakt anpassen. Um die größere Wärmeabgabe der Glühlampen abzuleiten, bohren wir in den Leuchtkasten oben einige Löcher, so entweicht die warme Luft nach oben.

IV. Was fressen Jungfische?

Eine durchaus begründete Frage, da gerade hier oft der entscheidende Faktor zum Weiterbestand der jungen Brut zu finden ist. Wie wir gelesen haben, leben lange nicht alle Jungtiere in der Obhut der Eltern. Haben wir es mit brutpflegenden Arten zu tun, auf die ich später zu sprechen komme, so müssen wir andere Maßstäbe an die Fütterung der jungen Fische legen. Fischchen, die ohne Eltern aufwachsen müssen, sind von der Natur meist so „programmiert", daß sie — falls ihnen der Züchter die Möglichkeit dazu gibt — den ganzen Tag über fressen. Hier beginnt schon für manche Pfleger ein Problem: Sie sind nicht immer bei ihren Fischen, da sie einem Beruf nachgehen. Nun ist es nicht damit getan, morgens ein „gerüttelt Maß" an Futter in das Aufzuchtbecken zu geben. So beständig, wie die Jungen das angebotene Futter verwerten, so beständig sollte es nach Möglichkeit dosiert werden. Jungfische benötigen viel Sauerstoff. Ein Zuviel an Futter führt sehr schnell zu einer Wasserverschlechterung und damit auch zu einer Sauerstoffzehrung. Wird lebendes Futter in zu großer Menge in das Aquarium gegeben, so können die kleinen Futtertierchen (z. B. Cyclops) unsere Jungfische töten und selbst ganze Nachzuchten vernichten.

Glücklicherweise bieten sich heute dem Aquarianer viele Möglichkeiten an. Eine Arbeit mit einem Futterautomaten ist hier allerdings insofern nicht möglich, als die eingebauten

Uhren nicht in solch kleinen Abständen schalten und ohnehin nur mit Trockenfutter gefüllt werden können. Solange die Fischchen noch sehr klein sind, ist uns ein Infusorien-„Tropfapparat" sehr nützlich. Keine Angst, es handelt sich nicht schon wieder um eine komplizierte Maschine! Wir stellen lediglich ein Marmeladen- oder Einmachglas, das gut mit Infu-

Abb. 6 Infusorien-„Tropfapparat"

sorien besetzt ist, auf eine über dem Aufzuchtbecken befindliche Glasscheibe (s. Abb. 6). Mit Hilfe eines Luftschlauches und einer Klemme sorgen wir dafür, daß die Flüssigkeit aus dem Glas in kurzen Abständen in unser Aquarium tropft. Wenn die Fische dann morgens und abends kräftig gefüttert werden, dürften sie keinen Hunger leiden. Sind sie erst größer geworden, reicht die zweimalige Fütterung am Tage aus.

Was sind Infusorien? Es sind einzellige Tiere, zu denen allerdings auch einige Schädlinge zählen. Naturverbundene Aquarianer setzen ihre Kulturen auch heute noch nach der altbekannten Methode an: Eine Handvoll Heu und etwas Tümpelwasser läßt man in einem Plastikeimer „gammeln“. In kürzester Zeit entwickeln sich in dieser Brühe die sogenannten Aufgußtierchen. Es wurde auch einmal eine Methode beschrieben, bei der der gleiche Effekt mit Kohlrabischnitzeln erzielt

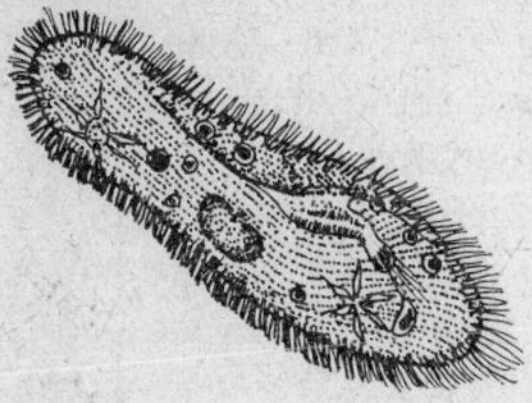

Abb. 7 Pantoffeltier

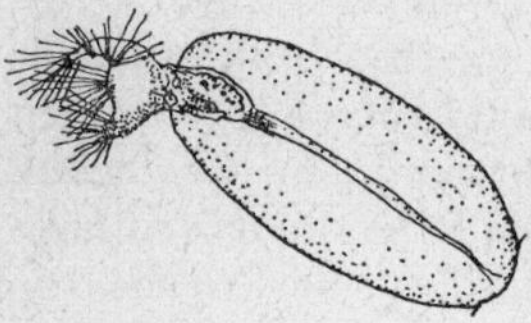

Abb. 8 Rädertier

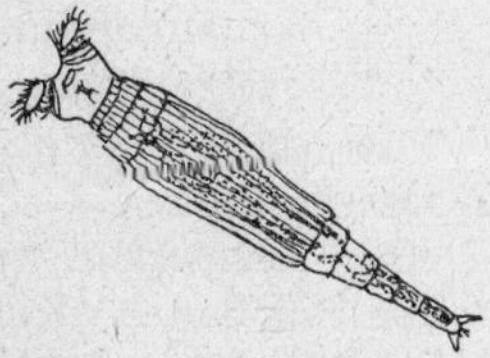

Abb. 9 Rädertier

Räder- und Pantoffeltierchen werden neben anderen vom Aquarianer als Infusorien verfüttert.

wurde. Auch Salatblätter führen zu ähnlichen Aufgüssen. Zu berücksichtigen ist dabei jedoch immer, daß diese Grundlagen für die Ansätze Rückstände der immer häufiger verwendeten

Pflanzenschutzmittel enthalten können. Sie schädigen natürlich unsere Jungfische, wenn sie auf Umwegen ins Aquarium gelangen. Praktischer ist in jedem Fall die Verwendung des vom Fachhandel angebotenen „Protogen Granulats". Es handelt sich hierbei um ein auf Nährboden gezüchtetes Konzentrat eingetrockneter Infusorien verschiedener Größe. Bedeckt man das Granulat ausreichend mit Wasser, so lebt nach einiger Zeit die eingetrocknete Kultur wieder auf. Auf diese Weise kann der Züchter ohne viel Zeitverlust seine Kulturen nach Bedarf ansetzen. Hat man Kulturen angesetzt, die nicht gleich von den Fischen verbraucht werden können, so füttert man die Infusorien mit einigen Tropfen (!) Kondensmilch. Diese Milch ist noch nicht das Futter der Einzeller. Erst die durch sie gebildeten Bakterien werden von den Tierchen als Futter verwendet.

Fadenwürmchen, auch als Mikrowürmchen bekannt, sind nahe Verwandte der Essigälchen. Sie lösen die Infusorienfütterung dann ab, wenn diese Einzeller unseren Jungfischen zu klein geworden sind. Die Würmchen sind ebenfalls noch sehr klein (bis 1 mm lang), allerdings nicht nach dem Geschmack aller Jungfischarten. Auf den Nährboden (eine fingerbreit hohe Schicht Haferflocken, durchtränkt mit Milch und Zugabe von Backhefe), den wir in eine Plastikdose geben, kommt unser Zuchtansatz. Falls Sie ihn nicht von einem Aquarienfreund bekommen können: Oft werden solche Zuchtansätze in aquaristischen Fachzeitschriften angeboten. Man sollte sich also rechtzeitig um solche Futterpräparate Gedanken machen! Nach wenigen Tagen hat sich die Kultur bei einer Temperatur um 25° C so stark vermehrt, daß wir die an den Wänden des Kulturgefäßes hochkriechenden Würmchen abnehmen und verfüttern können. Die schlängelnde Bewegung der Futtertiere weckt in den Fischchen den Freßtrieb, und die meisten werden zuschnappen.

Als Futter nächster Größe kommen die Nauplius-Larven des **Salinenkrebses** (*Artemia salina*) infrage. In diesem Wasser, das eine Vielzahl von Salzen, Mineralien und Spurenelementen enthält, ernähren sich die Krebschen hauptsächlich aus Phytoplankton. Wir züchten die Krebse aus Eiern, die man im Zoo-Fachhandel kaufen kann, in Flaschen. Die bekannteste

Abb. 10 Artemia-Larve

Methode: In eine 7/10 Literflasche (klare Wasserflasche) gibt man einen gestrichenen Teelöffel normales Kochsalz. Man füllt die Flasche darauf mit 1/2 Liter Wasser an (2/3 voll) und schüttelt durch, bis das Salz gelöst ist. Dann gibt man 1–2 Teelöffel Eier in die Flüssigkeit. Das Wasser muß nun bei einer Temperatur von 25–20° C ständig stark bewegt werden. Zu diesem Zweck führt man durch einen Stopfen ein Luftrohr

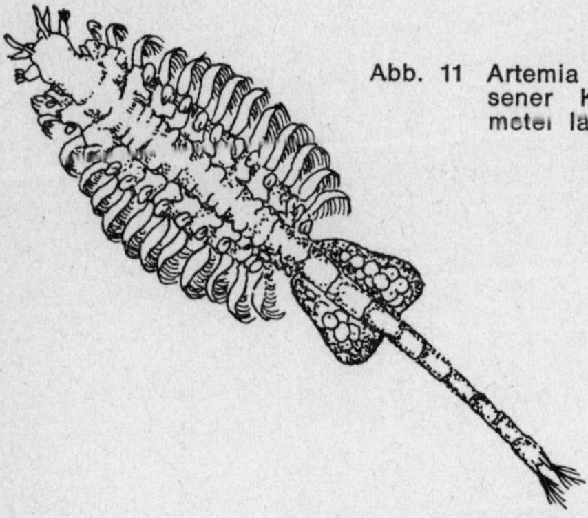

Abb. 11 Artemia salina. Ausgewachsener Krebs, einige Millimeter lang

in das Flascheninnere. Man kann sich dazu auch eines Kulturgerätes, das sehr preiswert ist, bedienen. Nach 36—48 Stunden schlüpfen die Krebse. Stellt man die Luft ab, so steigen die leeren Eischalen nach oben und die Nauplien sinken zu Boden. Sie können abgesaugt und verfüttert werden. Will man die Artemien aufziehen, so verwendet man dazu eine flache Schale. Das Aufzuchtwasser sollte die dreifache Salzkonzentration des Anzuchtwassers haben. Gefüttert wird mit Hefe oder dem neuen Hobby-Mikrozell-Aufzuchtfutter, das man im Zoo-Handel kaufen kann. Bei der Aufzucht ist ein flacher Wasserstand von nur wenigen Zentimetern erforderlich. Es sollte nicht durchlüftet werden. Die Lebensdauer der Nauplien im Süßwasser beträgt knappe 3 Stunden. Die gegebene Futtermenge darf also nur so groß sein, daß sie von den Jungfischen in diesem Zeitraum gefressen werden kann.

Cyclops (Hüpferlinge) und Daphnien (Wasserflöhe) kommen in den gleichen stehenden Gewässern vor und werden meist auch zusammen gefangen und von den Händlern angeboten. Auch sie gehören zu den Krebstieren und sind die wichtigsten Futtertiere für unsere Jungfische. Um sie voneinander zu trennen, nehmen wir einen „Futtersiebsatz" zur Hilfe. Auch

Abb. 12 Daphnia pulex (Wasserfloh)

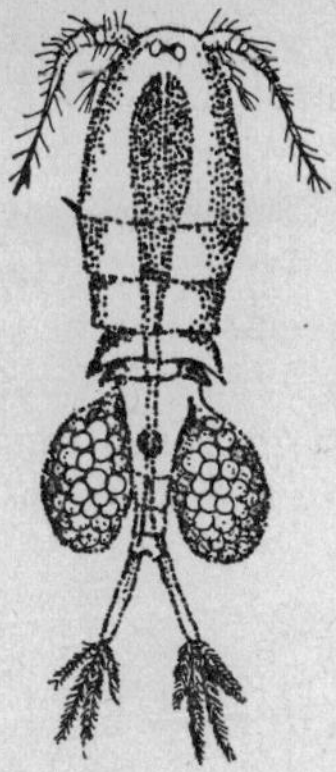

Abb. 13 Cyclops fuscus (Hüpferling)

ihn können wir beim Zoohändler erwerben. Es sind dies meist kleine Plastiksiebe mit verschieden großen Sieböffnungen. Jetzt haben wir die Möglichkeit, von dem gefangenen oder gekauften Tümpelfutter die richtige Größe für unsere Pfleglinge herauszusieben. Zu große Futtertiere sind für die kleinen Fische nicht geeignet. Haben wir einen kleinen Gartenteich oder die Möglichkeit, eine größere Plastikwanne dort aufzustellen, können wir die Wasserflöhe und Hüpferlinge auch über längere Zeit aufbewahren und selbst nachzüchten. Dazu müssen wir sie jedoch in gewissen Abständen füttern. Hierzu verwenden wir Hefe, Milch oder – Rinderblut. Es ist dem Wasser aber

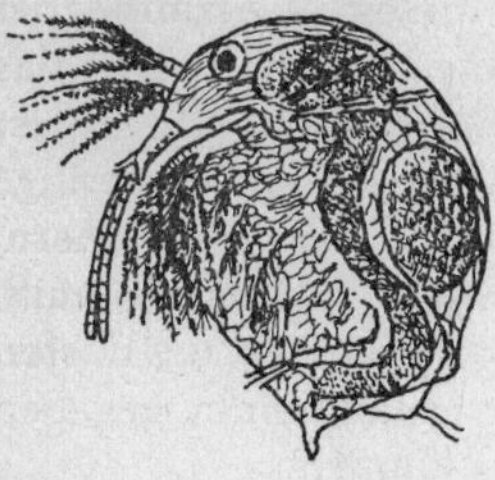

Abb. 14 Bosmina (Rüsselkrebschen), ein begehrtes Aufzuchtfutter

immer nur so viel Futtersekret beizugeben, wie die Krebse in angemessener Zeit ausfiltern können, da sonst unser Behälter verjaucht.

Mückenlarven sind ein begehrtes Futter für herangewachsene Jungfische. Bekannt sind drei Arten: die rote Larve der Zuckmücke *Chironomus plumosus,* die weiße Larve (auch Glasstäbchen) der Büschelmücke *Corethra plumicornis* und die schwarze Larve der Stechmücke (auch Schnake) *Culex pipiens.* Die roten Mückenlarven sind für Jungfische am wenigstens ge-

Abb. 15 Corethra plumicornis, Larve (Weiße Mückenlarve, Glasstäbchen)

Abb. 16 Chironomus plumosus, Larve (Rote Mückenlarve)

eignet. Größeren Futterwert haben die beiden anderen Larven, wobei die der Schnake besonders im Auge gehalten werden müssen, damit sie nicht schlüpfen.

Enchyträen und Tubifex sind Verwandte. Die kleinen weißen Enchyträen werden in Holzkistchen gezüchtet (s. LB 17 „Lebendfutter“). Wir unterscheiden bei diesem Gesamtbegriff zwei Arten: den Ringelwurm *Enchytraeus albidus* und das Grindalwürmchen *Enchytraeus buchholzi.* Für Jungfische ist nur das zuletzt genannte geeignet, weil es die nötige geringe Größe hat. Große Tiere der ersten Art muß man zerkleinern, wie man das auch mit dem Bachröhrenwurm *Tubifex* tun muß. Natürlich tötet man die Futtertiere dabei sofort ab. Es dürfen also nur kleinste Mengen in das Aufzuchtaquarium gegeben werden, die die Fische sofort verzehren können.

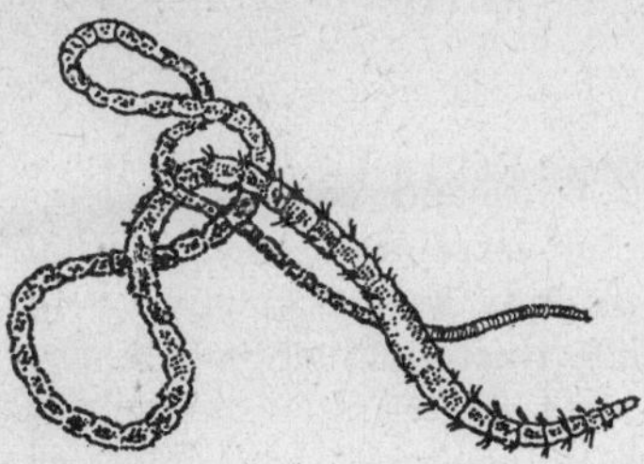

Abb. 17 Tubifex (Bachröhrenwurm)

Trockenfutter läßt sich auch begrenzt verwenden. Nicht alle Jungfische sind so anspruchsvoll wie etwa die berüchtigten jungen Discusfische. Das speziell für Jungfische angebotene Staubfutter wird von vielen Arten schon im jüngsten Alter angenommen. Es hat ja durchaus genügend Nährwert, den Fischchen zum nötigen Wachstum zu verhelfen. Die meisten lebendgebärenden Zahnkarpfen, die in Gesellschaftsaquarien – so ganz am Rande – mit großgezogen werden, hätten bei den meisten Aquarianern ohnehin keine andere Futterauswahl und würden zugrunde gehen, würden sie darauf warten, daß ihnen Lebendfutter in entsprechender Größe geboten wird.

Wichtig für alle Jungfische sollte dem Züchter sein, seinen Pfleglingen nicht nur eine Futterart anzubieten. Eine abwechslungsreiche Kost ist gerade im Kindesalter sehr wichtig. Mängelschäden können den Kleinen für ihr ganzes Leben zu schaffen machen. Erst die Mühe, die sich ein „Fischvater“ mit den ihm anvertrauten Kleinen macht, läßt erkennen, wieweit sich echte Tierliebe von zufälliger Neugier unterscheidet.

V. Die Zuchttiere

Wer bewußt Fische züchtet, wird sicher auch daran interessiert sein, nicht nur „schöne" Nachkommen seiner Fische zu erhalten, sondern in erster Linie gesunde und normalwüchsige. Deshalb muß bei der Wahl der Elterntiere hier schon eine Vorauswahl getroffen werden. Nicht alle ausgesuchten männlichen und weiblichen Tiere paaren sich miteinander, denn selbst ein Fisch benötigt mitunter ein gewisses „Angebot" und manche Fischweibchen sind solange unschlüssig, bis ein Männchen ein „Machtwort" spricht. Mir fallen da gewisse Parallelen ein . . .

Als Kind durfte ich oft dabei sein, wenn ein Kaninchenzüchter mit seinen Tieren für deren Nachkommen sorgte. Da hieß es grundsätzlich: „Der Bock kommt zur Häsin", d. h. die Paarung wurde immer in der Stallung des weiblichen Tieres vorgenommen. In einer gewohnten Umgebung waren die Weibchen nicht so scheu und zurückhaltend. Wollen wir das auf unsere Fische übertragen, so sollten wir auch hier das weibliche Tier einen Tag früher als das Männchen in das Zuchtbecken setzen. Kommt erst das männliche Tier dazu, beginnt das Treiben oft nicht lange danach. Hat das Weibchen dann das Becken noch nicht richtig ausgekundschaftet, kann es bei der oft gnadenlosen Jagd zu betrüblichen Unfällen kommen. Besonders große Arten benehmen sich während der Balz recht ruppig und es ist ja schon häufiger vorgekommen, daß bei nicht zueinander passenden Paaren das vielleicht noch nicht laichreife weibliche Tier totgebissen worden ist.

Hat man keine anderen Tiere zur Paarung bereit oder soll gerade dieses Paar zusammengebracht werden, so hilft mitunter das Zwischensetzen einer Glasscheibe. Die Tiere sehen sich, kommen aber nicht zusammen. Sie lernen sich gewissermaßen erst einmal kennen – eine Bekanntschaft auf Distanz. In der Zwischenzeit wird den Weibchen Gelegenheit gegeben, Laich anzusetzen. Hilft diese Methode auch nicht und haben auch die üblichen kleinen Hilfen, wie Erhöhung der Temperatur, keinen Erfolg, so können wir uns nur nach neuen Partnern für unsere Fische umsehen. Auf alle Fälle sollte dem Weibchen, wenn es Laich angesetzt hat, Gelegenheit gegeben werden, mit einem anderen Partner das begonnene Laichgeschäft zu beenden Eine eintretende Laichverhärtung kann zu seinem Tode führen.

Bei nicht brutpflegenden Arten sollten die Alttiere aus dem Becken entfernt werden. Viele können es nicht lassen, ihren eigenen Laich als einen besonderen Leckerbissen zu betrachten und zu verspeisen. Salmler und Barben sind die größten Laichräuber. Jedoch habe ich auch bei Barschen erlebt, daß die ersten Gelege eines jungen Paares regelmäßig verspeist wurden und erst das vierte oder fünfte Gelege durchkam. Das ist natürlich besonders unangenehm, wenn man bestimmte kommerziellen Erwartungen mit einer Nachzucht (etwa bei Discus-

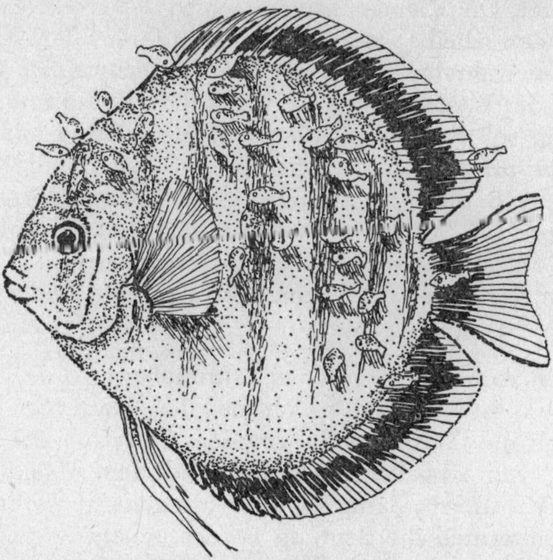

Abb. 18 Diskus-Buntbarsch mit Jungfischen

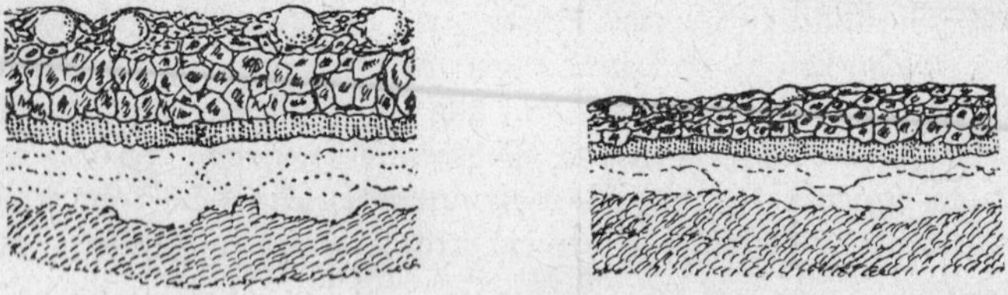

Abb. 19 Schnitt durch die Haut des Fisches. Links bei Abgabe eines Hautsekrets, rechts im Normalzustand

Arten) verbindet. Hat man glücklich ein passendes Paar beieinander, das die wertvollen Eier ablegt, so frißt es sie kurz darauf schon wieder auf. Der Züchter ist dann oft der Verzweiflung nahe. Nun, wenn ich hier schon von Discus-Buntbarschen sprach: Diese Art kann man natürlich nicht vom Gelege entfernen. Die Tiere gehören nicht nur zu den brutpflegenden Arten sondern ernähren die Jungtiere durch ein Hautsekret. Die Kleinen schwimmen in der ersten Zeit immer dicht an den scheibenförmigen Körpern ihrer Eltern (Abb. 18), um sie im wahrsten Sinne des Wortes abzuweiden. Eine Entfernung der Eltern wäre hier unmöglich. Diese unbiologische Trennung sollte man bei allen Cichliden, die ja ausnahmslos ihre Brut pflegen, nicht durchführen. Zwar sind Methoden bekannt, z. B. Eier der Maulbrüter von den Eltern getrennt durchzubringen, jedoch ist auch hier die Methode unbiologisch und nur auf eine Störung der Eltern bei der Brutpflege zurückzuführen, wenn der Fisch seine Eier ausspuckt und nicht mehr nimmt.

Bei den vorher besprochenen Laichräubern, zu denen ja auch die Barben gehören, ist es ratsam, den erwähnten Laichrost oder auch die Glasmurmeln vor dem Einsetzen der Fische in das Aquarium zu geben. So können nach dem Ablaichen zuerst die Eltern entfernt, dann die Eier sichergestellt werden. Pflegt nur ein Elternteil die Brut, so ist der unbeteiligte Partner zu entfernen, da er die Brutpflege nur stören würde.

Haben die Fische abgelaicht, so sind sie oft sehr geschwächt. Es ist darauf zu achten, daß sie in diesem Zeitraum besonders aufmerksam und abwechslungsreich gefüttert werden.

VI. Wann ist Laichzeit?

Sicherlich hängt nicht neben jedem Aquarium ein Kalender, und natürlich wüßte ein Zuchtpaar damit nichts anzufangen. Doch auch ohne unsere menschlichen Gedächtnisstützen wissen viele Fische, wann ihre Zeit zum Laichen gekommen ist. Natürlich gibt es auch in den Tropen vier Jahreszeiten, auch wenn sie mit unseren nicht verglichen werden können. Es werden auch hier im Frühling die Tage länger und die Temperatur steigt. Diese beiden Fakten sind nur ein Teil dessen, was in unseren Fischen den Wandel zur Laichwilligkeit aufkommen läßt. Nicht jede Art reagiert aber auf die gleiche Weise. Manche sprechen auf steigende Temperatur an, andere auf längeren Lichteinfall, dritte wiederum benötigen beides. Viele Zierfische, die eben nur zur Zierde gehalten werden, wie beispielsweise die Killifische, haben eine relativ geringe Lebenserwartung mit sehr unterschiedlichen Wärmegraden. Werden sie nun vom Pfleger achtlos in ein Gesellschaftsbecken gesetzt (in das sie nicht gehören!), leben sie fast immer in zu warmem Wasser und in permanenter Laichbereitschaft. Durch diese zu hohen Haltungstemperaturen beschleunigt sich auch der Lebensablauf. Diese Fischchen, ohnehin als „Saisonfische“ sehr kurzlebig, halten dann nur einige Monate aus.

In unseren Aquarien werden die tropischen Zierfische im Langtag mit relativ hohen Wassertemperaturen gepflegt. Wollen wir also einen gewünschten Zeitpunkt für die Zucht wählen, so müssen die Zuchttiere zuerst einmal für die Zucht vorbereitet werden. Auch die Druckverhältnisse, die sich ja vom Zimmer her auf die Aquarien-Innenverhältnisse auswirken, können auf bestimmte Arten, wie man aus Untersuchungen wissen will, eine Wirkung auf das Laichgeschäft haben. Andere Arten, die in tropischen Überschwemmungsgebieten leben, müssen zum Laichen auf das (kühlere) Hochwasser warten, um in bestimmte Laichgebiete wandern zu können. All diese Signale, die die Fische von der Natur erwarten, werden ihnen im Aquarium nur dann gegeben, wenn der Pfleger sie fördert. Man könnte natürlich davon ausgehen, daß die Fische ja sicher „mitbekommen", wann bei uns der Frühling beginnt. Aber überlegen Sie mal, wie soll ein Fisch das fühlen in einer thermostatisch geregelten, gleichmäßigen Aquarien-Wassertemperatur oder unter einem Licht- und Lampensystem, das exakt durch eine Uhr geschaltet wird. Doch selbst wenn dem Pfleger keine Uhr zur Verfügung steht, und er seine Aquarienlampe von Hand einschaltet (das tut er ja meist morgens nach dem Aufstehen), wird der Fisch noch nicht darauf kommen, daß nun sonntags der Winter beginnt, weil sein „Herrchen" später das Licht einschaltet und somit der Tag kürzer wird.

Da in den tropischen Regionen die „echten" Laichzeiten im Frühjahr und im Sommer liegen, diese Zeiten jedoch in unseren Breiten erheblich von den tropischen abweichen, müssen wir uns nur bei Neu-Importen nach dem heimatlich-tropischen Kalender richten. Eingewöhnte Tiere lassen sich durch unsere Licht- und Temperaturspiele meist täuschen.

VII. Laichgewohnheiten sind Verhaltensmuster

Viele Erkenntnisse über die Zusammenhänge in Lebens- und Fortpflanzungsgewohnheiten verdanken wir in erster Linie der Verhaltensforschung. Diese „Gewohnheiten" lassen sich bei vielen Lebewesen – Mensch und Tier – finden. Sie beginnen damit, daß sich ein Partner ein Revier sucht, einen Futterplatz und schließlich einen Vertreter des anderen Geschlechtes der gleichen Art. Feinde kennt er nur dann, wenn es sich um Konkurrenten der eigenen Art handelt, die im Grunde nur die

Abb. 20 Bei der Eroberung und Verteidigung von Revier und Weibchen können nur Männchen der eigenen Art die Rivalen sein. Im Kampf der beiden Gegner, dem sog. Maulzerren, wird entschieden, wer der Stärkere ist (vergl. auch Foto 7)

gleichen Absichten haben. Daher gibt es Kämpfe im Aquarium in erster Linie auch nur zwischen Fischen der gleichen Art, die Gleiches beanspruchen. Hauptkampfzeit ist die Fortpflanzungszeit. Sind die Eier gelegt, werden die Nester bzw. Gelege bewacht. Sind die Jungtiere geschlüpft, wiederum diese Kinder. Immer wieder wird gescheucht und – wenn es sein muß – auch gekämpft. In den meisten Aquarien gibt es daher eine Rangordnung, bei der ein Fisch der „Chef" ist.

Daneben – nicht mit dem Kampf zu verwechseln – gibt es das recht unterschiedliche Laichverhalten, die Balz. Sie führt zuerst einmal zur Paarbildung und später auch zur Vereinigung der Geschlechtszellen. Dieses Verhalten ist den Fischen „einprogrammiert". Sie tragen das Muster, wie sie sich bei der Balz zu verhalten haben, von Geburt an in sich. Das ist äußerst wichtig, denn beim eigentlichen Vereinigen der geschlechtlichen Zellen – Ei mit Samen – müssen die Paarungsvorgänge synchron ablaufen, wenn sie erfolgreich sein sollen. Wenn die Begattung (Kopulation) nicht von beiden Geschlechtspartnern exakt nach der vererbten „Vorschrift" abläuft, kann die Befruchtung (die Verschmelzung von Ei und Samen) unter Umständen nicht stattfinden.

Ein Fischei hat, wie wir schon von der Besprechung über den osmotischen Druck wissen, keine Schale sondern nur ein Membran. Für den Eintritt der Samenzelle ist eine besondere Öffnung vorgesehen. Geben nun beide Tiere bei der Begattung Ei- und Samenzellen in das Wasser ab, so müssen sie zueinander finden können. Würde das Weibchen die Abgabe der Eier verzögern, könnte der zu früh ins Wasser gegebene männliche Samen (Spermium) schon abgestorben sein. Trifft jedoch eine tote männliche Samenzelle auf ein weibliches Ei, so wird die für den Sameneintritt vorgesehene Öffnung sofort verschlossen.

Je nach der Art, wie die Fische ihre Eier ins Wasser oder auf ein Substrat abgeben, sprechen wir von sechs verschiedenen Ablaicharten. Es gibt

1. **Die Freilaicher:** Zu ihnen zählen wir neben einigen Salmlern auch die Karpfenfische. Sie stoßen nach lebhafter Balz ihre Eier ziemlich wahllos auf den Boden oder zwischen die Pflanzenbüsche. Bei ihnen müssen die vorher erwähnten Vorgänge der Kopulation besonders synchron ablaufen, da die vom Weibchen ins Wasser abgegebenen Eier ja nirgendwo anhaften sondern mit der Strömung oder einer anderen Wasserbewegung fortgespült werden können. Wenn das Sperma nicht sogleich das Ei trifft, sterben beide ab. Nach dem Ablaichen kümmern sich die Fische nicht mehr um ihre Eier und können daher aus dem Zuchtbecken entfernt werden, bevor sie sich an ihnen vergehen.
2. **Die Haftlaicher:** Fast alle Arten der Buntbarsche und auch andere zur großen Familie der Barsche zählenden Arten heften ihre Eier an Pflanzen und Steine, an Wurzeln und selbst an die Aquarienscheibe, die die Fische ja auch als Stein betrachten. Die Gelege werden von den Eltern bewacht und befächelt. Das Zuchtaquarium muß mit einem Ausströmerstein versehen sein, damit die Eier genügend Sauerstoff erhalten. Viele dieser Fische leben in jahrelanger Ein-

Abb. 21 Viele Buntbarsche (hier Cichlasoma meeki) sind Substrat- oder Haftlaicher und führen ihre Jungen später aufmerksam durchs Becken

ehe. Das Weibchen läßt seine Laichwilligkeit daran erkennen, daß es Steine oder Pflanzenteile peinlich genau säubert, um später darauf seine Eier abzulegen bzw. daran anzuheften. Auch viele Welse sind Haftlaicher.

3. **Die Maulbrüter:** Auch hier haben wir es wieder mit den Vertretern der Familie der Cichliden zu tun. Sie tragen ihre Eier bis zu 45 Tagen in ihrem Kehlsack herum. Plötzliches Erschrecken kann die Tiere dazu veranlassen, die Eier auszuspucken und nicht wieder ins Maul zu nehmen. Sind die Jungfische geschlüpft, und das Elterntier entläßt die Kleinen zeitweise aus dem Maul, stürzen sie bei vermeintlicher Gefahr sofort wieder dort hinein. Maulbrutpflege betreiben *Geophagus-, Haplochromis-, Pelmatochromis-, Tilapia-* und *Tropheus-*Arten.

Abb. 22 Auch die meisten Maulbrüter stammen aus der Familie der Buntbarsche (hier Tilapia mossambica). Das „Haus" für die Jungen ist das schützende Maul der Mutter

4. **Die Grubenlaicher:** Sie laichen in flachen Sandgruben ab, die sie durch scharfes Schwenken und Wedeln mit Körper und Flossen ausfächeln. Zu ihnen gehören die Sonnenbarsche.

Abb. 23 Die meisten der Eierlegenden Zahnkarpfen sind Bodenlaicher. Die Hechtlinge jedoch (hier Epiplatys annulatus) heften ihre Eier an Pflanzen ab. Männchen rechts

5. **Die Bodenlaicher:** Zu ihnen zählen in erster Linie die vielen Arten aus der Familie der eierlegenden Zahnkarpfen, soweit sie nicht, wie z. B. die Hechtlinge, ihre Eier an Pflanzen heften. Die Ablage der Eier auf dem Boden des Ge-

Abb. 24 Viele Eierlegende Zahnkarpfen lieben es, ihre Eier tief in den Bodengrund zu versenken. Hier „bohren" sich gerade zwei Tiere (Männchen mit langen Flossen) der Art Pterolebias longipinnis in den torfigen Untergrund

wässers erfolgt deshalb, weil diese Flüssigkeit in der Trokkenzeit verdunstet. Das einzelne Ei ist nun in dem meist feucht bleibenden Schlamm eingebettet. Die erwachsenen Tiere gehen während des Eintrocknens des Gewässers ein. Wird die Grube oder der Tümpel bei einsetzendem Regen neu bewässert, schlüpfen auch bald darauf die Jungen und der Kreislauf beginnt von neuem.

6. **Die Schaumnestlaicher:** Die „Methode", ein Schaumnest zu bauen und darin die Eier abzulegen, ist den Labyrinthern zu eigen. Die Eier werden bis zum Schlüpfen von einem Elternteil betreut.

Abb. 25 Laichende Paradiesfische (Makropoden). Männchen umschlingt Weibchen. Oben schwimmt das Schaumnest

VIII. Die Feinde der Jungfische

Junge Fische haben zwei Arten von Feinden: die sichtbaren und die fürs Auge meist unsichtbaren. Zu den ersteren gehören eingeschleppte und als Futtertiere in das Aquarium gekommene Schädlinge. Der Tümpler sei also gewarnt. Nicht alles, was in Bach und Weiher in passender Größe sein Leben fristet, ist für unsere Jungfische Futter. Die Hydra ist einer der gefürchtetsten Gäste. Mit ihren polypenartigen Fangarmen kann sie kleine, noch wehrlose Fischlarven ergreifen und töten. Die Larven von Libellen und Käfern, die meist schlimme Räuber sind, dürfen erst gar nicht in das Aquarium gelangen. Sie sind rechtzeitig auszusortieren.

Schlimmer sind für den Züchter die unsichtbaren Feinde unserer Jungfische. *Costia necatrix* und *Chilodonella cyprini*, die beiden Hauttrüber sowie *Oodinium pillularis* können auch schon die jungen Fische befallen, während die sonst so gefürchtete *Ichthyophthirius multifilis* bei Fischlarven selten ist. Gegen die beiden Hauttrüber hilft ein Dauerbad mit Trypaflavin, wogegen *Oodinium* schon schwerer beizukommen ist. Bei dieser Krankheit zeigen die Fische einen Belag aus weißen Punkten, der dem bekannteren *Ichthyo* nicht unähnlich ist. Es sind kugelförmige Gebilde, die stark lichtbrechende Körnchen enthalten. Strahlt man die Tiere also mit der Taschenlampe an, so können wir diese Pünktchen sehr gut erkennen. Die von Wissenschaftlern empfohlenen Bekämpfungsarten sind alle nur für harte Fische geeignet. Es sind Kochsalz-Kurzbäder, verbunden mit einem Umsetzen in andere (saubere) Becken oder langanhaltende Chinin- oder Aureomycin-Dauerbäder (z. B. 25 mg Aureomycin auf 2 Liter Wasser).

IX. Empfehlungen an den Züchter

Die einzelnen Familien und ihre Ansprüche für die Zucht

Nicht jeder Fisch läßt sich gleich gut oder schlecht nachzüchten, und es wird jedem klar sein, daß ein Buch wie dieses hauptsächlich denen nützlich sein soll, die sich bisher recht wenig oder nur nebenbei mit diesem Thema beschäftigt haben. Nachdem nun die wichtigen Dinge wie Zuchtaquarien, Wasser, Fütterung und vieles andere besprochen sind, können wir uns den eigentlichen Zuchtbesprechungen der Familien und Arten zuwenden. Dabei wollen wir uns in der folgenden Aufstellung gar nicht so sehr von Fragen der wissenschaftlichen Systematik leiten lassen, sondern verfolgen die Familien nach der von mir im LB 48 „Das Aquarium" gegebenen Aufstellung. Darauf werden innerhalb der Familien einige Arten als Beispiele herausgegriffen, die den Gelegenheits-Züchter nicht vor allzugroße Probleme stellen.

Lebendgebärende Zahnkarpfen *Poeciliidae*

Die Familie der lebendgebärenden Zahnkarpfen stammt aus Regionen, die vom südlichen Teil Nordamerikas bis nach Mittelamerika reichen. Dazu gehören auch die Gewässer innerhalb der Inseln im karibischen Raum. Fast alle Arten dieser Familie zählen zu den Anfängerfischen. Die meisten sind recht anspruchslos und stellen keine allzugroßen Bedingungen an das Aquarienwasser und die Fütterung. Fast alle sind Schwarmfische, die sich in höher gelegenen Wasserschichten aufhalten.

Die Fortpflanzung dieser Tiere ist auch schon für den jungen Aquarianer immer wieder ein Erlebnis. Männliche und weibliche Tiere sind leichter als bei manchen anderen Arten zu unterscheiden. In der Regel sind die Weibchen ein ganzes Stück größer als die Männchen. Dafür können es die letzteren, was die Farbenpracht (Guppy) oder sonstige kennzeichnende Merk-

Foto 1: Forellensalmler (Copeina guttata)
Das Paar legt Eier ab, die sogleich befruchtet werden.

Foto 2: Streifenhechtling (Aplocheilus lineatus)
Während des Ablaichens

Foto 3: Streifenbachling (Rivulus holmiae)
Das Ablaichen

Foto 4: Blaupunktbuntbarsch (Aequidens pulcher)
Weibchen gibt weitere Eier ins Gelege. Deutlich ist die Legeröhre zu erkennen.

Foto 5: Zwergbuntbarsch (Apistogramma agassizi)
Das Ablaichen erfolgt hier in einer halben Kokosnußschale.

Foto 6: Beim Buntbarsch (Cichlasoma spilurum) laicht hier das Weibchen mit abwärts gerichtetem Rücken gegen den Stein.

Foto 7: Maulzerren. Die Buntbarsche sind eine Kreuzung zwischen Cichlasoma nigrofasciatum und C. spilurum.

Foto 8: Glänzender Zwergbuntbarsch (Nannacara anomala). Das Weibchen legt die Eier auf ein festes Substrat, hier einen Stein.

Foto 9: Fünffleck-Prachtbarsch (Thysia annectens). Die Eier werden mit dem Bauch nach oben in eine Steinhöhle gelegt.

Foto 10: Günthers Prachtbarsch (Chromidozilapia guentheri) Balzen und Imponieren

Foto 11: Goldsmaragd-Buntbarsch (Nanochromis nudiceps)
Das Weibchen entfernt vor dem Ablaichen Sand aus der Höhle.

Foto 12: Buckelkopf-Cichlide (Steatocranus casuarius)
Links Männchen, rechts Weibchen; das Revier wird verteidigt.

Foto 13: Spitzschwanzmakropode (Macropodus cupanus)
Beim Ablaichen

Foto 14: Zwergfadenfisch (Colisa lalia)
Das Männchen, der präzise Nestbauer.

Foto 15: Knurrender Gurami (Trichopsis vittatus)
Das Umschlingen des Paares beim Ablaichen.

Foto 16: Goldstreifen-Panzerwels (Corydoras schultzei)
Die großen Eier werden an ein Blatt geklebt.

male (Schwertträger) anbelangt, mit jedem Konkurrenten anderer, oft höher geschätzter Familien, aufnehmen. Die Afterflosse der männlichen Tiere ist ganz oder auch nur teilweise zu einem Begattungsorgan umgewandelt. Dieses Organ, auch Gonopodium genannt, bildet sich mit zunehmender Geschlechtsreife aus und befindet sich schließlich hinter den Bauchflossen. Es ist ein sichtbarer Fortsatz des Samenleiters nach außen. Bei den Weibchen bleibt die Afterflosse erhalten und fächerförmig

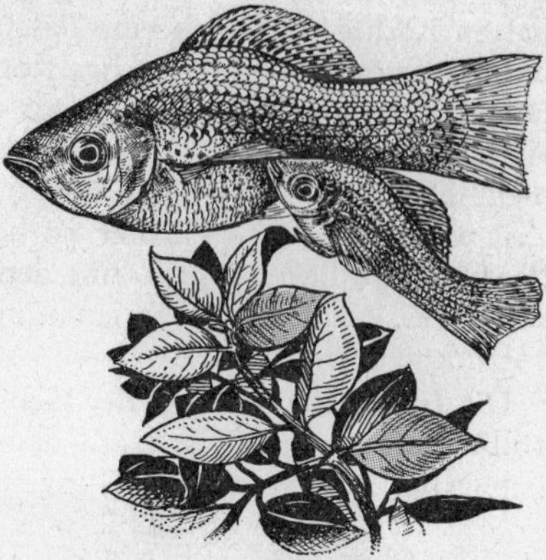

Abb. 26 Das kleinere Männchen (hier Poecilia velifera) „treibt" das Weibchen, um es zu begatten. ♀ oben, ♂ unten. Man erkennt das nach vorn gelegte Gonopodium beim Männchen.

ausgebildet. Hat z. B. ein Guppy-Weibchen vor dieser Afterflosse einen dunklen Fleck, so sprechen wir vom „Trächtigkeitsfleck", der uns anzeigt, daß das Tier bald Junge bekommen wird. Die einmalige Übertragung der Samenzellen kann für mehrere Würfe ausreichen, so daß auch ein weibliches Tier, das seit einiger Zeit ohne Männchen ist, durchaus Nachwuchs zur Welt bringen kann. Die Dauer der Schwangerschaft ist nicht genau festzusetzen. Sie ist abhängig von Temperatur, Ernährung, Jahreszeit und Alter des Weibchens. Im Mittel können wir mit 20 bis 40 Tagen rechnen. Nach der Geburt der Jungen erfolgt eine Ruhepause, die je nach Umweltbedingungen um 10 Tage betragen kann. Dann setzt eine neue Schwangerschaft ein. Von den gleichen Merkmalen wie bei der Schwangerschaftsdauer ist die Anzahl der Jungen abhängig; außerdem ist hier auch die Größe des Weibchens zu berücksichtigen.

Oft finden wir in Aquarien, in denen verschiedene Arten der Lebendgebärenden gehalten werden, Kreuzungen aller Form- und Farbspiele. Das liegt daran, daß sich Zahnkarpfen mit ähnlich gebautem Gonopodium kreuzen können. Auch deren Nachkommen sind bedingt fruchtbar. Hier ist dem ernsthaften Züchter natürlich eine Palette von Möglichkeiten gegeben, weniger sein züchterisches Können (das machen die Fische ja meist ohne großes Zutun), als vielmehr durch die richtige Auswahl der Zuchttiere zu Prachtkindern seiner Fische zu kommen. Dabei sind die Weibchen natürlich zuerst einmal eine Zeit ohne männliche Partner zu halten, da eine vermeintliche Paarung und Befruchtung ohne den gewünschten Erfolg bleibt, wenn das Weibchen durch einen anderen Liebhaber noch vorbefruchtet war.

Die Jungfische sind bei der Geburt in der Regel schon recht vollkommen entwickelt. Nach dem Austritt aus dem Mutterleib (Abb. 29) versuchen die Jungen sofort die Wasseroberfläche

Abb. 27 Bei den Guppys sind die Männchen die Schöneren

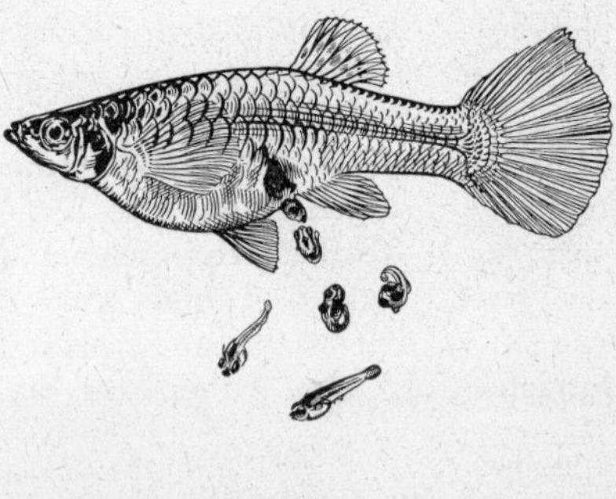

Abb. 28 Große Guppy-Weibchen können uns eine Menge Junge bescheren

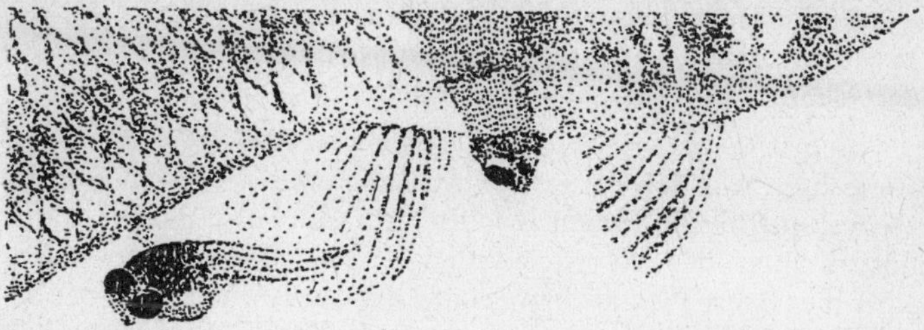

Abb. 29 Geburt eines Guppy

zu erreichen, um dort ihre Schwimmblase mit Luft zu füllen. Darauf beginnen die Fischkinder sofort mit der Nahrungsaufnahme. Sie sind meist nicht wählerisch und nehmen auch staubfeines Trockenfutter.

Viele Aquarienfreunde, die Lebendgebärende in Gesellschaftsbecken halten, erhalten natürlich von diesen Fischen auch Junge. Diese Jungtiere werden aber leider oft von den räuberischen Mitbewohnern des Aquariums als zarte Leckerbissen angesehen und in kürzester Zeit verspeist. Auch manche Fischeltern lassen es an dem nötigen „Feingefühl“ mangeln und schließen sich dem allgemeinen Festessen an. So kommt es oft zu der irrigen Meinung des Fischpflegers, daß seine Fische gar keine Jungen bekämen. Findet die Geburt beispielsweise an einem Sommermorgen in aller Frühe statt, und es sind Skalare im Becken, so kann die ganze Herrlichkeit, ohne Kenntnis des Pflegers, in wenigen Minuten vorüber sein. In solchen Fällen empfiehlt es sich, die schwangeren Tiere schon einige Tage vor der voraussichtlichen Abgabe der Jungtiere in einen Ablaichkasten zu setzen. Ist dann die Geburt beendet, kann man die Mutter problemlos wieder zu den anderen Fischen setzen und hat die Jungen gleichzeitig getrennt und unter Aufsicht. Wer sich die Mühe nicht machen will, der sollte wenigstens genügend Versteckplätze für die Kleinen schaffen. Ein dichtes Polster von Javamoos — auf einen Ast mit Nylonfaden gebunden — oder Lebermoos (Riccia) an der Wasseroberfläche hilft den Kleinen sehr, die ersten Tage nach der Geburt unbeschadet zu überstehen.

Guppy *Poecilia reticulata.* Unscheinbare, meist große dicke Weibchen. Aus den oft sehr bunten männlichen Tieren wurden viele Zuchtformen herausgezüchtet. An der Form der Schwanzflossen unterscheiden sich die mannigfachen Züchtungen. Leider sind die Tiere aber so genügsam, daß sie sich unter Umständen Fehlbildungen „anzüchten" lassen. Der Züchter sollte hier eine Auswahl treffen und mißgebildete Tiere entfernen. Die Guppyzucht ist, wie gesagt, nicht schwierig. Ihr Problem liegt in der Kunst, das Wissen der Vererbungslehre richtig anzuwenden. Wer bestimmte Formen aus seinen Tieren herauszüchten möchte, der sollte sich darüber ausführlich informieren. Auch darüber sind gesonderte Abhandlungen in Büchern und Magazinen verfaßt worden (s. a. LB 590 „Vererbung").

Der Züchter soll das Ziel verfolgen, erbfeste Stämme zu bekommen, also Stämme, bei denen alle Tiere das gleiche Erbgut besitzen. Die Erbfaktoren beeinflussen die Farbe und die Form der Flossen. Die Fächerschwanz- und Schwertbildungen beim männlichen Guppy sind bei Aquarianern wie Erbforschern gleichermaßen berühmt. Wir unterscheiden dominante (beherrschende) und rezessive (zurücktretende) Erbfaktoren (Gene). Ein sich durchsetzendes Merkmal des einen Elterntieres ist dominant, das nicht in Erscheinung tretende des anderen rezessiv.

Nur-Guppy-Züchter benötigen, wie man sieht, Batterien von Aquarien, denn jede reine Rasse muß in einem gesonderten Aquarium isoliert gehalten werden. Die Jungtiere werden nach der Geburt von den Eltern getrennt und nach Geschlechtern gesondert aufgezogen, dabei werden Tiere, die dem gewünschten Zuchttyp nicht entsprechen, aussortiert. Gewünschte Inzuchten werden immer nur nach Geschlechtern überkreuz durchgeführt, also Mutter x Sohn und Vater x Tochter.

In der Bundesrepublik haben wir eine Vereinigung (Deutsche Guppygesellschaft), die sich speziell mit der Verbreitung unter züchterischen Gesichtspunkten befaßt.

Schwertträger *Xiphophorus helleri*. Von den meisten Fischfreunden kurz als „Helleri" bezeichnet. Weibliche Tiere ohne Schwert, das bei den Männchen als verlängerter unterer Strahl der Schwanzflosse hervortritt. Die Stammform ist grün. Viele Zuchtformen (Mutationen), deren bekannteste neben dem roten und schwarzen der Wagtail-Helleri (rot mit schwarzem Schwanz) ist. Auch hier ist das Herauszüchten besonderer Formen sehr beliebt. Die einzelnen Farbvarianten sind in gesonderten Becken zu halten, da sie sich untereinander kreuzen.

Abb. 30 Die beliebten Schwertträger (Xiphophorus helleri) vermehren sich in fast jedem Aquarium. Hier ein schönes Männchen mit „Schwert"

Seit Jahrzehnten geistert die Legende von der „Geschlechtsumwandlung" durch unsere Literatur, nach der funktionsfähige Weibchen von *X. helleri* sich in höherem Alter spontan in funktionsfähige Männchen umwandeln können. Es wurde jedoch in mehrjährigen Versuchsreihen (G. Peters) nie eine derartige sexuelle Veränderung festgestellt. Um von einer echten Geschlechtsumwandlung sprechen zu können, muß ein Weibchen zunächst über einen Zeitraum Junge bekommen und sich nach der Umwandlung aktiv (mit Nachkommen) als Männchen betätigt haben. Das ist bisher wohl nicht bewiesen worden, wonach diese Behauptung nach wie vor auf schwachen Füßen zu stehen scheint.

Die Autorin spricht in ihrer Arbeit nach ihren Untersuchungen von einer Spaltung der Männchen in zwei Gruppen: Die

„Frühmännchen" zeichnen sich durch flachrückige, schlanke Körpergestalt aus. Sie erreichen früh die Reife und stellen danach ihr Wachstum fast vollständig ein. Im Gegensatz zu ihnen ist die Gestalt der „Spätmännchen" groß und plump und den Weibchentypen ähnlich. Diese Tiere reifen erst später und wurden bisher als geschlechtsumwandelnde Weibchen angesprochen.

Schwertträger — besonders die Weibchen — können recht groß werden. Die Fische erreichen Längen bis zu 12 cm. Sie benötigen daher einen ausreichenden Schwimmraum, der im Aquarium nicht unter einer Länge von 60 cm liegen sollte. Die Tiere benötigen kaum ein besonderes Wasser. Auch hier ist für die Jungtiere für ausreichende Versteckmöglichkeiten zu sorgen, da ihnen die Eltern manchmal nachstellen.

Spiegelkärpfling oder Platy *Xiphophorus maculatus.* Die kleinen, meist knallbunten Kerle erreichen eine Größe bis zu 6 cm. Die nahen Verwandten (*Xiphophorus variatus* = Veränderlicher Spiegelkärpfling) werden etwas größer und noch bunter. Sie kreuzen sich leicht mit Schwertträgern, was aber der Ansehnlichkeit beider Arten in Form und Farbe Abbruch tut. Wer sie vergesellschaftet, muß mit einem Sortiment aller möglichen Bastarde rechnen. Bewußt gezüchtet jedoch, kann die Vermehrung dieser Fische zu einer Freude werden. Auch hier werden Reihenaquarien benötigt, die nicht kleiner als 35—40 cm sein sollten. Die Jungtiere werden meist in den frühen Morgenstunden geboren. Hohe Stückzahlen sind nicht selten (bis 100 Junge). Die Elterntiere sind nach einem Jahr geschlechtsreif. Auch diese Weibchen tragen bei Trächtigkeit den Fleck vor der Afterflosse. Die Tiere sollen nicht zu spät in das „Geburtsbecken" umgesetzt werden, da durch Schreckreaktionen die Jungtiere möglicherweise noch nicht voll entwickelt geboren werden. Diese Frühgeburten führen dann zu toten und mißgebildeten Jungfischen oder zu Kümmerlingen. Sollten sich solche Tiere einmal unter den Jungen befinden, sind sie ohnehin gleich mit einem dünnen Rohr nach Pipettenart abzuziehen.

Breitflossenkärpfling oder Molly *Poecilia latipinna.* In der Familie der lebendgebärenden Zahnkarpfen nehmen die Mollienesien einen breiten Raum ein. Diese schon 1903 eingeführte Art lebt hauptsächlich in den warmen Gebieten und an Flußmündungen. Eine Zuchttemperatur von 26—28° C ist angemessen. Die Aquarien sollen reichlich bepflanzt sein. Die Zuchttiere müssen neben der ausreichenden Lebendfutterkost zusätzlich mit Pflanzenkost versorgt werden (Algen, überbrühter feiner Spinat, gewaschener Salat, eingeweichte Haferflocken). Fehlt dieses Zusatzfutter, so bleiben die Tiere klein. Den Erwachsenen gebe man etwas Koch- oder (synthetisches) Meersalz in das Aquarienwasser. 1 Teelöffel auf 10 Liter Wasser steigert ihr Wohlbefinden, das auch für das Wachstum der segelartigen Rückenflossen der männlichen Tiere (auch *P. velifera*) wichtig ist. Diese „Segel" wachsen aber nur bei ausreichendem Schwimmraum und freilandähnlichen Bedingungen.

Auch diese Arten haben viele wunderschöne Zuchtformen. Bekannt sind ja in erster Linie der „Black Molly", der „Mitternachtsmolly" (samtschwarz mit segelartiger Rückenflosse und orangegefärbtem Saum bei den Männchen) und der „Lyratailmolly" (mit lang ausgezogenen oberen und unteren Strahlen der Schwanzflosse).

Karpfenfische *Cyprinidae*

Diese Familie umfaßt eine unendliche Fülle von Formen und Arten, Fische der alten und der neuen Welt. Wir alle kennen, um nur einige herauszugreifen die Barben, die Bärblinge (zu denen die Danios und Rasboren gehören), die Fransenlipper und nicht zuletzt Goldfische und Schleierschwänze. Je nach der Temperatur ihrer Heimatgewässer sind sie für warmes oder kaltes Wasser geeignet (siehe auch LB 70 „Warmwasserfische" und LB 136 „Kaltwasserfische"). Wie die Salmler, auf die ich später noch zu sprechen komme, sind sie in der Hauptsache Schwarmfische. Sie unterscheiden sich von ihnen hauptsächlich durch das Fehlen der Fettflosse. Unter ihnen gibt es langgestreckte, aber auch gedrungene und hochrückige Tiere. Einige haben Barteln. Unter ihnen finden wir keine Lebendgebärenden. Die meisten sind Freilaicher und nur wenige heften ihre Eier an.

Goldfische *Carassius auratus auratus* werden heute meist von Großzüchtereien nach Art der Vermehrung bei Karpfen und Forellen gezüchtet, d. h. die Tiere gehen durch die Hände des Züchters, der ihnen Eier und Samen (Rogen und Milch) abstreift, dann miteinander vermischt und darauf in ein separates Becken mit klarem, neutralem und nicht zu frischem Wasser gibt. Da wir keine Absichten in dieser Richtung haben, wollen wir den Fischen die Arbeit selbst überlassen. Dazu benötigen wir gut bepflanzte und vor allem geräumige Aquarien, die gut belüftet sein müssen. Da das Wasser nicht zu sehr durch die wühlenden Fische verschmutzt werden darf, muß es mit einem starken Filter geklärt werden. Die Zuchttemperatur liegt um 23° C. Zur Laichzeit beobachten wir am Kopf der männlichen Tiere die sogenannten Brunftwarzen, das sind kleine Auswüchse. Die Weibchen fallen durch größere Körperfülle auf. Hier werden die Eltern nach der Eiablage von dem Gelege getrennt. Die Jungfische, welche nach ungefähr zwei Tagen schlüpfen, färben sich oft erst nach einigen Monaten in eine kräftigere Färbung um. In der ersten Zeit ihres Lebens sind sie unscheinbar grünlichweiß anzuschauen. Auch wenn die Goldfische gute Verwerter von Trockenfutter sind, verschmähen sie durchaus nicht die uns bekannten Lebendfutterarten, und natürlich gedeihen die Jungfische besser, wenn sie zusätzlich mit lebendem Futter verköstigt werden.

Schleierschwänze, Himmelsgucker, Löwenköpfe und andere Abarten sind Zuchtformen. Die Nachzucht der Tiere verläuft nach gleichen Regeln wie bei den Goldfischen, jedoch verlangen die Tiere hohe Becken und eine gleichmäßigere Wärme, die auch in Wintermonaten nicht unter 15° C absinken darf. Es soll eine gute Zuchtauswahl betrieben werden. Gute Tiere sind teuer und die Bewertungsregeln international festgelegt.

Barben können wir von vielen Arten verhältnismäßig leicht nachzüchten. Sie benötigen frisches, klares Wasser, das von Zeit zu Zeit teilerneuert werden sollte. Bei Temperaturen zwischen 22 und 26° C und einem nicht zu kleinen Becken von mindestens 50 cm Länge laichen sie möglicherweise das ganze Jahr hindurch. Diese *Puntius*-Arten, die in der alten Welt von Südostasien bis Afrika beheimatet sind, benötigen zum Wohlbefinden weiterhin einen nicht zu hellen Schwimmraum mit einer nicht zu dichten Bepflanzung und einer Schwimmpflanzendecke *(Riccia)*. Da die Tiere zu den ärgsten Laichräubern zählen, empfiehlt es sich, das Becken mit einem Laichrost zu versehen, unter den dann die abgegebenen Eier fallen können. Ist das nicht mehr möglich, so sollte der Boden teilweise mit einer großen Menge Javamoos bedeckt werden, damit Eier und Jungfische noch eine Chance haben, sich zu entwickeln. Obgleich die Tiere lieber im Gesellschaftsbecken laichen, ist es aus dem angeführten Grund zweckmäßiger, sie kurz vor einem vermutlichen Ablaichen in ein besonders vorbereitetes Becken mit der gleichen Wasserqualität zu überführen. Bei all den hier besprochenen Arten schlüpfen die Jungtiere nach 24—48 Stunden. Sie liegen noch 1—3 Tage am Bodengrund, wobei sie sich von ihrem Dottersack ernähren. Dann hängen sie sich an Pflanzen und Scheiben und schwimmen schließlich frei. Wir ernähren sie anfangs mit Infusorien, doch gehen sie auch schon nach kurzer Zeit an staubfeines Trockenfutter. Nach einem knappen Jahr sind die Tiere dann ausgewachsen und geschlechtsreif. Gut gepflegte Barben können über das ganze Jahr hinweg massenweise Nachkommen bringen.

Prachtbarbe *Puntius conchonius.* Diese Barbenart aus dem südlichen Asien wird zwar bis zu 14 cm lang, doch ist sie in unseren Aquarien meist schon mit Längen ab 6 cm geschlechtsreif. Die beiden Geschlechter lassen sich bei genauem Hinsehen leicht unterscheiden. Während die Flossen der weiblichen Tiere in der Laichzeit gelblich bleiben, färben sich die der Männchen rötlich, das sich bis zu dunklem Rot steigern kann. Man soll die Tiere nicht wahllos aussuchen, sondern sie sich möglichst selbst zueinander finden lassen. Der eigentliche Laichakt erfolgt nach starkem Treiben des männlichen Tieres. Das geht zwar auch in uneingerichteten Becken vor sich, doch ist es für das Weibchen besser, wenn einige Versteckplätze hinter Pflanzen oder einem sonstigen Raumteiler eingebracht sind. Die Eier, die bei der wilden Jagd abgegeben werden, bleiben nicht irgendwo haften, sondern fallen meist zu Boden — hoffentlich durch unseren Laichrost (s. LB 49 Aquarianers Bastelbuch). Ein PVC-Rahmen, auf den ein grobmaschiges PVC-Netz geklebt ist (das Material läßt sich mit TANGIT von Henkel ohne giftige Rückstände kaltverschweißen!), tut den gleichen Dienst und ist vielleicht noch etwas handlicher. In diesem Fall befestigen wir Pflanzen oder das Javamoos mit Plastiknadeln in dem Gewebe. Das Becken wird nach oben hin mit einer Scheibe oder einem ebensolchen PVC-Netz abgedeckt, da die Tiere beim Treiben leicht über die Wasseroberfläche hinausschießen können. Weiches Wasser um 8—12° DGH ist ideal und sollte diesen Wert um nicht mehr als 6° übersteigen. Der Laichvorgang findet meist in den frühen Morgenstunden statt, wenn die ersten Lichtstrahlen einfallen. Es ist daher darauf zu achten, daß das Zuchtbecken zu diesem Zweck in die Nähe eines Fensters gebracht wird, das möglichst nach Osten geht. Wurden die Tiere am Abend vorher eingesetzt, können wir möglicherweise schon am anderen Morgen mit dem ersten Erfolg rechnen. Die Elterntiere werden darauf aus dem Becken entfernt.

Sumatra- oder Viergürtelbarbe *Capoeta tetrazona tetrazona.* Es ist nicht leicht, sich in den verschiedenen „Binden-" und „Gürtel"-Arten auszukennen. Wir unterscheiden Teilgürtelbarben, Viergürtelbarben, Fünfgürtelbarben und Sechsbindenbarben mit noch verwirrenderen wissenschaftlichen Namen. Das soll uns jedoch nicht stören. Wir sollten nur sehen, daß wir die Paare nach Zahl der Querbinden zusammenbringen, damit später die Jungtiere ebenso wie die Eltern anzuschauen sind.

Abb. 31 Puntius tetrazona partipentazona ist eine sehr nahe Verwandte der Sumatrabarbe. Die Viergürtelbarbe kommt ihr natürlich im Laichverhalten sehr nahe

Die Zucht der Sumatrabarbe ist nicht ganz so einfach, wie wir es von der Prachtbarbe erfahren haben. Wir benötigen ein noch weicheres Wasser, das auf einen ph-Wert von ca. 6,5 durch Torffilterung angesäuert sein soll. Die DGH muß schon im Bereich um 5° liegen; die Temperaturen um 28° C. In allen anderen Dingen können wir uns an die „Spielregeln" wie bei der Zucht der Prachtbarbe halten.

Danio- und Brachydanio-Arten werden in ähnlicher Weise gezüchtet, wie wir das kennengelernt haben. Die Tiere bleiben durchweg klein und schlank. Deshalb dürfen die zur Zucht verwendeten Becken auch etwas kleiner sein als bei den Barben. 30 x 25 x 20 oder eine ähnliche Größe reichen aus. Die unermüdlichen kleinen Schwimmer lassen sich in den Geschlechtern nicht so einfach unterscheiden. Die weiblichen Tiere erscheinen bei Laichansatz etwas stärker als die Männchen. Wir können die Fischchen sowohl im Schwarm als auch paarweise zur Zucht zusammenbringen. Das Liebesspiel findet ebenso wie bei den Barben am frühen Morgen statt. Dabei umschlingen sich die Partner und das Weibchen gibt die recht großen Eier in der Nähe von Pflanzen ab, wobei sie auch gleich befruchtet werden. Auch diese Arten sind Laichräuber.

Zebrabärbling *Brachydanio rerio.* Dieser kleine Bekannte aus dem östlichen Teil Indiens wird nur 5 cm groß. Im Gegensatz zu den kräftig gefärbten Männchen sind die weiblichen Tiere blasser gefärbt. Tiere, deren Zeichnung nicht einwandfrei ist (das gilt besonders für die Männchen), werden für die Zucht nicht verwendet. Wir bekommen sonst immer weniger schöne

Tiere. Das Weibchen setzt man zuerst in das Zuchtbecken. Erst am nächsten oder übernächsten Tag gesellt man möglichst gleich zwei männliche Tiere dazu. Die Tiere sind sehr produktiv, doch soll auch hier nach einer gewissen Weile vom Züchter eine Auswahl getroffen werden, bei der nur die kräftigsten Tiere für züchterische Zwecke weiterverwendet werden. Die Eltern werden nach dem Ablaichen herausgefangen. Bei niedrigem Wasserstand (6–8 cm) schlüpfen die Jungen nach 1–2 Tagen und schwimmen nach 3–5 Tagen frei. Jetzt kann der Wasserstand mit jedem Tag um mehrere Zentimeter erhöht werden. Die anfängliche Fütterung erfolgt wie bei den Barben.

Malabarbärbling *Danio malabaricus*. Diese Art wird mehr als doppelt so groß wie die vorgenannte. Für die bis 12 cm großen Tiere wird demgemäß auch ein größeres Zuchtbecken von mindestens 60 cm Länge benötigt. Die Unterscheidung der Geschlechter erfolgt nach dem gleichen Prinzip wie beim Zebrabärbling, ebenso die Zucht.

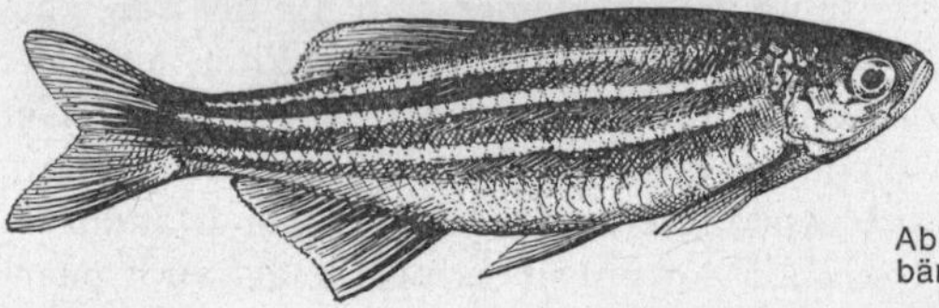

Abb. 32 Der Malabarbärbling

Kardinalfisch *Tanichthys albonubes*. Klein (bis 4 cm), doch nicht weniger schön, so stellt sich der Kardinalfisch in unseren Aquarien vor. Die aus dem südlichen China stammenden Tiere benötigen keine hohen Temperaturen und sind mit 20–22° C durchaus zufrieden. Die Geschlechter unterscheiden sich durch den stärkeren Körperumfang der Weibchen. Als Pflanze sollte im Zuchtbecken möglichst eine Myriophyllum gewählt werden, da die Fischchen die Feinfiedrigkeit des Grüns bevorzugen. Zweckmäßigerweise läßt man in einer sehr flachen Schale (15 mm) ein kleines Dickicht der Triebe rechtzeitig etwas anwachsen. In dieses Dickicht geben die Weibchen ihre Eier ab, die auch sogleich befruchtet sind. Nach überstandenem Laichgeschäft kann man die Eier dann mit einem Stäbchen aus den Pflanzen unter den Laichrost bringen und darauf die Alttiere herausfangen. Zwar sollen sich nach der Literatur die Eltern nicht an ihren Eiern vergreifen, doch halte ich es auch hier für zweckmäßiger, es nicht auf einen Versuch ankommen zu lassen. Die Jungen schlüpfen nach 48 Stunden, wobei jedoch die Ausbeute an Jungtieren oft weit hinter der Zahl der Eier zurückbleibt. Die Tiere werden schon nach 3—5 Monaten geschlechtsreif, was auch in gewissem Grade von der Qualität des gebotenen Futters abhängig ist.

Auch die **Rasbora-Arten** zählen zu den Bärblingen. Sie sind von Ostafrika über Süd- und Ostasien bis zu den Inselgruppen um Indonesien und den Philippinen verbreitet. Die Nachzucht dieser Arten jedoch verlangt entschieden mehr Einfühlungsvermögen. Sicher, es gibt auch hier einige Arten, deren Vermehrung nicht allzu schwierig ist, doch müssen wir schon bei bestimmten Arten wie *R. heteromorpha, R. pauciperforata* oder *R. maculata* das erwartete Spiel mit dem Mischen zu außergewöhnlichen Wasserqualitäten beginnen. Doch gerade die farbenprächtigen Arten, wie die oben erwähnten sind es, die den Aquarianer interessieren, und ausgerechnet sie machen, wie so oft in der Aquaristik, die meisten Schwierigkeiten.

Glasbärbling *Rasbora trilineata.* Diese Art läßt sich von den folgenden noch am leichtesten zur Zucht bringen. Die Fische, die aus dem Gebiet Malaysias und der Indonesischen Inselwelt kommen, werden recht groß, doch die oft angegebene Größe von 15 cm wird in den Aquarien doch wohl nie ganz erreicht. Sehr weiches Zuchtwasser, das wir auf eine GDH von 3—1° herunterdrücken müssen sowie ein kräftig saurer pH-Wert um 5,5 lassen schon erkennen, was auf uns zukommt. Die Geschlechter muß der aufmerksame Züchter aus mehreren Tieren durch Paarungsverhalten und Leibesumfang herausfinden. Die weiblichen Tiere sind dabei wiederum etwas stärker. Nicht alle

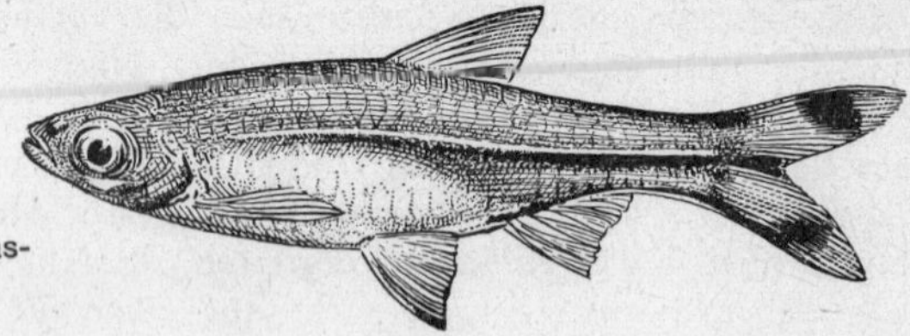

Abb. 33 Der Glasbärbling

Paare laichen gleich ab. Oft kommt es zu Scheinpaarungen oder man muß neue Partner aussuchen, weil sich gar nichts tut. Die Eier werden nach lebhaftem Spiel ausgestoßen. Manche bleiben an den Pflanzen hängen, müssen aber hiervor schnell wieder in Sicherheit gebracht werden, da die Tiere ebenfalls zu den Laichräubern zählen. Nach 24—36 Stunden schlüpfen die Jungtiere und schwimmen nach 3—4 Tagen frei.

Keilfleckbarbe *Rasbora heteromorpha.* Diese Art stammt aus derselben Region wie die vorgenannte Art, doch bleiben die Tiere mit 5 cm (ausgewachsen) wesentlich kleiner. Bei einer Beckengröße von 50 cm Länge benötigen wir die gleiche Wasserqualität wie beim Glasbärbling. Das mineralarme Wasser soll über Torf gefiltert werden. Zusätzlich verwenden wir als

Abb. 34a Die Keilfleckbarbe
Abb. 34b Keilfleckbarbenpaar bei der Ablaichprozedur unter einem Blatt

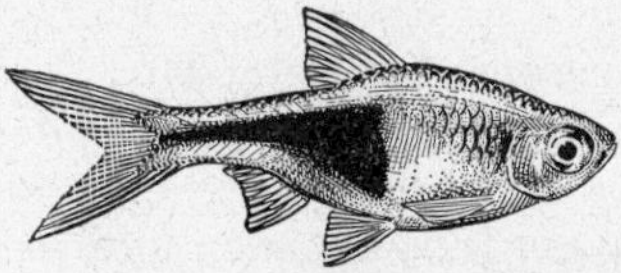

Bodengrund abgekochte Torffasern, da die Tiere auch einen dunklen Grund vorziehen. Als Laichsubstrat dienen einige Cryptocorynen. Bei hohen Temperaturen (um 28° C) beginnen die Männchen das Treiben. Auch hier unterscheiden wir wieder nach dem Körperumfang. Bei der Paarung erstrahlt das männliche Tier in kräftigem Weinrot. Es umschlingt das Weibchen, das seine Eier in Rückenlage gegen die Unterseite der Pflanzenblätter abgibt. Die Tiere werden nach der Laichabgabe herausgefangen und das Becken bis zum Freischwimmen der Jungtiere dunkel gehalten. Schon nach 24 Stunden schlüpfen die Fischlarven, doch benötigen sie zusätzliche 5–6 Tage zum Freischwimmen. Nach den ersten Tagen beginnen wir mit der Infusorienfütterung, später mit Artemia-Larven. Die Jungtiere wachsen bei abwechslungsreicher Fütterung schnell heran.

Zwergbärbling *Rasbora maculata.* Diese wirklichen Zwerge mit ihrem roten Rücken erreichen nur Größen bis zu 2,5 cm. Sie kommen aus der gleichen Heimat wie die Keilfleckbarben

Abb. 35 Zwergrasbora **oder** Zwergbärbling

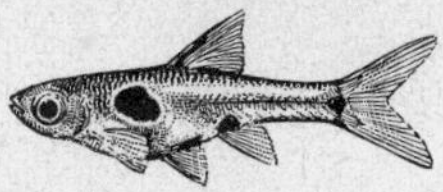

und sind auch in ihren Zuchtansprüchen ähnlich. Die männlichen Tiere sind besonders farbkräftig und schlanker als die weiblichen Tiere. Die Größe der Zuchtbecken soll zwischen 30–50 cm in der Länge betragen.

Labeo-Arten (Fransenlipper) werden immer noch als Jungtiere aus den Heimatländern Südostasiens importiert. Die überwiegend in schnellfließenden Bächen vorkommenden Tiere sind untereinander sehr unverträglich. Gemäß ihren natürlichen Lebensgewohnheiten benötigen sie mineralarmes, leicht saures, sauerstoffreiches Wasser mit einer gewissen Strömung. Versteckmöglichkeiten wissen sie zu schätzen. Von einer Nachzucht dieser Arten ist noch nicht viel bekannt.

Salmler *Characidae*

Umfangreiche Fischfamilie mit abenteuerlich anzuschauenden Arten. Die meisten sind Fleischfresser, einige Pflanzen- und Allesfresser. Sie sind in Südamerika und Afrika zu Hause. Die meisten tragen eine Fettflosse. Wir finden unter ihnen herrliche Friedfische wie auch brutale Räuber. Die Formenfülle ist enorm. Wir finden neben den bekannten karpfenartigen Formen auch solche wie Scheibensalmler, Schrägsteher oder — andersherum — die Kopfsteher. Ferner gehören zu ihnen die Beilbäuche, die Schnabelsalmler, die pflanzenfressenden Distchodusarten aus Afrika und schließlich die berüchtigten Pirayas. Aber auch der wohl beliebteste Aquarienfisch, der Neon, ist ein Salmler.

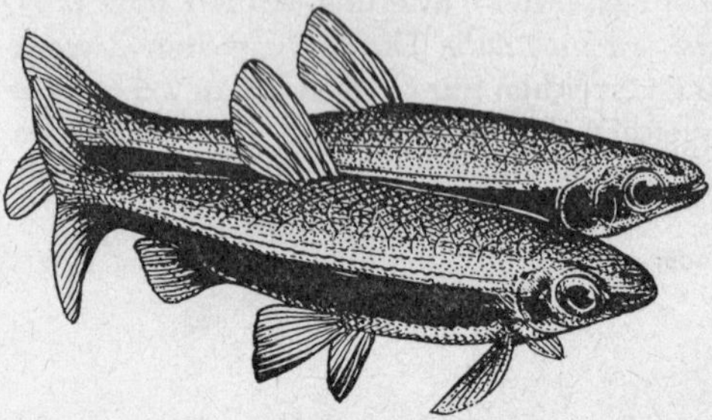

Abb. 36 Ein Paar Längsbandsalmler mit balzendem Männchen (Nannostomus beckfordi anomalus)

Die meisten Salmler balzen und legen ihre Eier nach Art der Karpfenfische ab. Nur ganz wenige sind Brutpfleger. Die meisten vergreifen sich in räuberischer Weise an ihrem eigenen Laich. Doch im Gegensatz zu vielen Jungen der Barben- und Bärblingsarten verschmähen die kleinen Salmler staubartiges Trockenfutter. Die Ernährung der Jungen muß also über Infusorien, Artemia-Nauplien, Cyclops, Wasserflöhe erfolgen.

Rotflossensalmler *Aphyocharax rubropinnis.* Diese kleinen, südamerikanischen Fische lassen sich gut züchten. Die bis zu 5 cm großen Tiere erkennt man bei der Geschlechtsunterscheidung nur an den spärlichen Merkmalen wie dem kräftigeren

Abb. 37 Der Rotflossensalmler

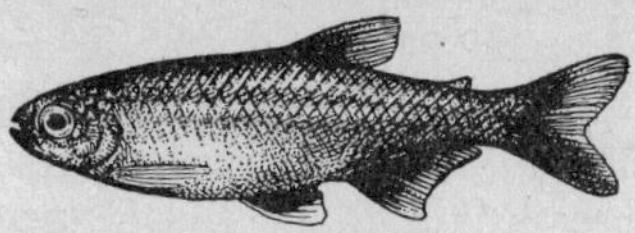

Wuchs der Weibchen und der stärkeren Färbung der Männchen – doch das nur während der Laichzeit. Der geringen Größe der Tiere entsprechend müssen die Zuchtbecken nicht größer als 40–50 cm in der Länge sein. Zuchttemperatur um 26° C Wasserhärte um 12° DGH. Das Becken soll nicht so dicht bepflanzt werden. Die Tiere sind starke Laichräuber, weshalb ein dickes Paket Javamoos in eine Ecke gegeben wird. Bei nicht zu hohen Wasserstand von 15 cm wählen wir im übrigen bei diesen Freilaichern wieder den Laichrost. Nach dem Laichgeschäft werden die Eltern sofort herausgefangen. Aus den glasklaren Eiern schlüpfen die Jungtiere nach circa 30 Stunden. Die recht schnellwüchsigen Jungen hängen in den ersten Tagen in den oberen Schichten des Aquariums. Becken hell stellen.

Trauermantelsalmler *Gymnocorymbus ternetzi.* Becken schattig aufstellen. Temperatur wie bei vorgenannter Art. Die Tiere benötigen nicht zu kleine Becken mit einem Wasserstand zwi-

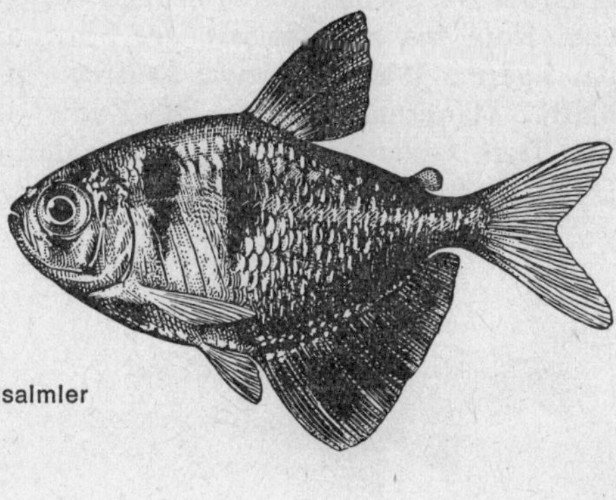

Abb. 38 Der Trauermantelsalmler

schen 15 und 20 cm. Auch sie sind Laichräuber und müssen nach der Eiablage entfernt werden. Wasserharte 10–12° DGH. Die Tiere produzieren große Eimengen, jedoch schlüpfen die Jungen erst nach knapp zwei Tagen. Nach weiteren zwei Tagen schwimmen die Kleinen frei und sind sofort mit kleinstem Lebendfutter zu verköstigen.

Rotaugen-Moenkhausia *Moenkhausia sanctae filomenae.* Diese recht anspruchslosen Salmler aus dem mittleren Südamerika werden bis zu 7 cm lang. Geschlechtsunterschiede lassen sich nur an der stärkeren Leibesfülle der weiblichen Tiere erkennen. Größe des Zuchtbeckens um 40 cm in der Länge. Es sind feinfiedrige Pflanzen wie *Myriophyllum* in flacher Schale auf den Laichrost zu geben. Bei weichem und etwas saurem Wasser gebe man das Paar abends in das Zuchtbecken, und mit etwas Glück laichen die Tiere schon am anderen Morgen ab. Es ist selbstverständlich, daß Fische, die zuvor in wesentlich härterem Wasser gehalten wurden, bei einer plötzlichen Änderung der Härte oder — was meist noch schlimmere Folgen hat — des pH-Wertes keine Anstalten zur Balz zu machen. Die Tiere müssen nötigenfalls in Etappen an diese neuen Umweltbedingungen gewöhnt werden. Sonst wie vorige Art.

Glühlichtsalmler *Hemigrammus erythrozonus.* Kleine Fische, in Größe der Neons, mit leuchtend orangerotem Längsstreifen vom Kopf bis zum Ansatz der Schwanzflosse und silbriger Bauchpartie. Weibchen etwas kräftiger in der unteren Körperhälfte; Männchen schlank. Die Zucht ist nicht ganz einfach. Die Tiere verlangen weiches, mineralarmes Wasser um 4–6° DGH. Das Wasser soll außerdem leicht sauer sein mit einem

Abb. 39 Glühlichtsalmler

pH-Wert um 6,5. In einem leicht abgedunkelten Becken und bei Temperaturen von 26–28° C. Mitunter verlangen die Paare Geduld vom Züchter. Die Tiere sollten im Zuchtbecken nicht gefüttert werden, damit das Wasser so sauber wie möglich bleibt. Nach dem Ablaichen sind die Eltern zu entfernen. Die Jungen schlüpfen nach 24 Stunden. Ein öfterer teilweiser Wasserwechsel unterstützt mit guter Fütterung das schnelle Wachstum.

„Roter von Rio" *Hyphessobrycon flammeus.* Diese recht leicht zu züchtenden Tiere sind nicht nur ein „Star" in manchem Anfängerbecken. Die männlichen Tiere haben im Gegensatz zu den weiblichen eine tiefrot gefärbte Bauch- und Afterflosse.

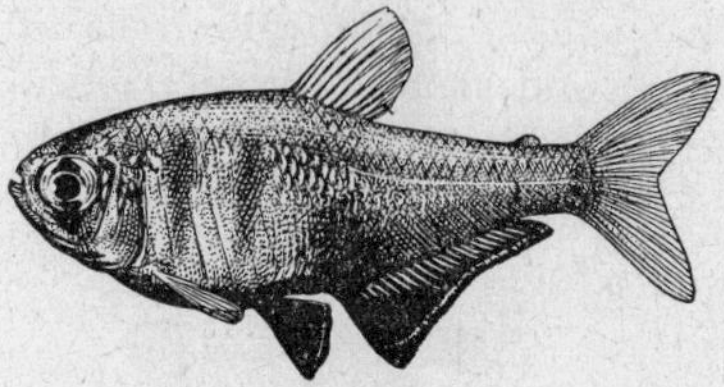

Abb. 40 Der „Rote von Rio"

Die letztgenannte ist schwarz gesäumt. Die Weibchen sind außerdem etwas „pummeliger" in der Bauchregion. Wir suchen das passende Paar möglichst aus einem größeren Schwarm heraus. Wir wählen dabei Tiere, die schon hier durch ständiges Beieinandersein ihre Paarungsbereitschaft erkennen lassen. Die Tiere werden abends in ein Aquarium gesetzt, das vorteilhafterweise aus „Nur-Glas" sein kann und eine Länge von 30 cm nicht zu übersteigen braucht (abdecken!). Bei aufgehender Morgensonne (Ostfenster) laichen die Tiere möglicherweise schon am nächsten Morgen ab. Wasserhärte 8–10° DGH, Zuchtwasser mit etwas Torfextrakt ansäuern, Temperaturen bei 26° C. Nach dem Ablaichen werden die Alttiere entfernt. Die Jungen schlüpfen nach 24 Stunden und schwimmen nach etwa drei Tagen frei. Anfütterung wie bei anderen Salmlern.

Neonfisch *Paracheirodon innesi.* Hier haben wir es mit einer Fischart zu tun, die dem schon fortgeschrittenen Züchter etwas mehr an Geduld, Einfühlungsvermögen und vor allem Kenntnis der Wasserpräparation abverlangt, als es die bisher besprochenen Arten getan haben. Dieser an sich so genügsame kleine Prachtkerl, der ja doch in fast jedem Becken zu Hause ist, sollte doch auch nicht allzu schwierig zu züchten sein!? Irrtum! Die Tiere leben in Amazonien in extrem weichem und saurem Wasser. Die Härtegrade in den Gebieten des oberen Amazonas liegen bei 1–2° DGH, die pH-Werte um 5,5 (die Schwarzwasserflüsse des mittleren und oberen Rio Negro, aus denen die **Roten Neon** stammen, weisen pH-Werte zwischen 4,5–5 (!) auf, Leitfähigkeit 10–15 µS). Die Zuchttiere müssen demgemäß, da sie wahrscheinlich nicht dauernd in derart weichem und saurem Wasser leben, behutsam und etappenweise an diese Werte gewöhnt werden.

Abb. 41 und 42 Der einfache Neonfisch ist leicht von seinem Namensvetter, dem Roten Neon, zu unterscheiden

Zur Zucht verwenden wir Vollglasbecken, weil diese am besten steril gehalten werden können oder die inzwischen noch besser bekannten Nur-Glas-Aquarien, deren Länge bei 30 cm liegen sollte. Es genügt ein Wasserstand von 10–12 cm, der später, nach dem Freischwimmen der Jungtiere, langsam angehoben wird. Alle eingebrachten technischen Hilfsgeräte wie Heizer und auch das Becken selbst sind peinlichst zu reinigen (s. Kap. „Hygiene"), da die Brut sehr empfindlich ist. Die Temperatur des Zuchtwassers soll nicht über 22° C liegen! Wir verwenden wieder den Laichrost und eine Lage Javamoos. Um die Tiere nicht zu stören, sollte das Becken abgeschirmt werden. Die glasklaren Eier sind nicht leicht zu erkennen, sind sie jedoch erst einmal durch den Rost gefallen, kann man sie durch den Boden sehen, vorausgesetzt, das Becken ist demnach aufgestellt. Die Paare beginnen nicht, wie andere Salmlerarten, gleich am anderen Morgen mit dem Treiben und der Laichabgabe. Oft wird die Geduld des Züchters auf eine Probe gestellt, doch kommt es auch hier auf den Instinkt und das Auge des Züchters an, das richtige, zueinander passende Paar zu finden. Auch diese Super-Laichräuber sind nach der Eiabgabe zu entfernen. Die Jungtiere schlüpfen nach 36 Stunden aus den lichtempfindlichen Eiern und schwimmen nach fünf Tagen frei. Während dieser ersten Zeit zehren sie vom Dottersack. Erst, wenn dieser aufgezehrt ist, beginnt die Fütterung – und damit unter Umständen ein neues Problem. Die Jungen sind möglicherweise empfindlich gegen die Nebenwirkungen der Infusorienfütterung und müssen vorsichtig unter ständiger Beobachtung mit lebendem Kleinstfutter abwechslungsreich(!) versorgt werden. Nach 2–3 Wochen zeigen sich bei den Fischchen die ersten Spuren einer Färbung. In diesem Stadium sind die circa 100 Jungtiere, die eine Zucht bringen kann, „über den Berg". Um keinen Irrtum aufkommen zu lassen zwischen den vorher angegebenen Werten: Für die Zucht des *Paracheirodon innesi* reichen aus: 2–3° DGH, pH um 5,5 und eine nicht so hohe Temperatur, wie wir sie von vielen Amazonas-Fischen gewohnt sind.

Spritzsalmler *Copella arnoldi.* Diese prächtig gefärbte Art aus dem unteren Amazonas bietet dem Züchter eine interessante Sehenswürdigkeit: Die Tiere laichen außerhalb des Wassers an Pflanzenblättern ab. Es ist hier also nicht mit einem normalen Aquarium getan. Das diesmal größere Männchen hat prächtig entwickelte, spitz zulaufende Flossen und ist kräftig gefärbt (Männchen bis 8 cm, Weibchen bis 6 cm). Die Länge des Zuchtbeckens soll um 60 cm liegen. Bei einem Wasserstand

Abb. 43 Spritzsalmler (unten) haben ein sehr interessantes Laichverhalten, während der ähnlich gebaute C. callolepis (oben) submers ablaicht

von 15–20 cm Höhe gebe man möglichst eine rundblättrige Amazonas ins Wasser, die so weit entwickelt ist, daß einige Blätter 10 oder 15 cm über das Wasser hinausragen. Damit die Fische das Aquarium nicht ganz verlassen können bzw. nach dem Springen auch wieder ins Wasser zurückfallen, setzte ich auf die Scheiben einen Zargen (vier hochkantstehende, verleimte Sperrholzbrettchen) von 25 cm Höhe und deckte darüber mit einer überstehenden Glasscheibe ab. Härte des Wassers um 5° DGH bei einem pH-Wert nicht über 6,5; Temperatur 28° C. Manche Tiere sind etwas scheu und sollten nicht gestört werden. Die Balz geschieht nach heftigem Treiben Seite an Seite. Der Sprung zum Blatt, an dem die Eiablage erfolgen soll, wird vorher gemeinsam geübt, bis dann die Ablage der Eier an der Unterseite „fällig" ist. Es ist ein für die Tiere mühsames Unterfangen. Um alle Eier unterzubringen, benötigen sie je nach Menge 10–20 Sprünge. Ihren Namen haben die Tiere daher, weil das an der Wasseroberfläche verharrende Männchen sein Gelege laufend bespritzt. Die Jungtiere schlüpfen nach 36 Stunden und fallen dabei ins Aquarienwasser zurück. Sie sind nicht groß und müssen sofort mit kleinstem Lebendfutter versorgt werden. Ein teilweiser Wasserwechsel von Zeit zu Zeit fördert ihr Wohlbefinden.

Forellensalmler *Copeina guttata* (s. Foto 1). Im Gegensatz zur vorgenannten Art laichen die Forellensalmler an submersen Pflanzen oder in selbst ausgefächelten Sandgruben. Das Unterscheiden der Geschlechter ist etwas schwieriger. Beim Weibchen tritt der Fleck in der Rückenflosse etwas stärker hervor, wogegen das männliche Tiere einen etwas verlängerten oberen Teil der Schwanzflosse hat. Auch hier übernimmt das Männchen die Vor- und Nacharbeit des Brutgeschäftes vom Buddeln einer Sandgrube bis zum Befächeln des Geleges. Die kleinen Jungfische schlüpfen nach 24 Stunden und schwimmen nach einigen Tagen frei. Wasserqualität und Beckengröße wie beim Spritzsalmler.

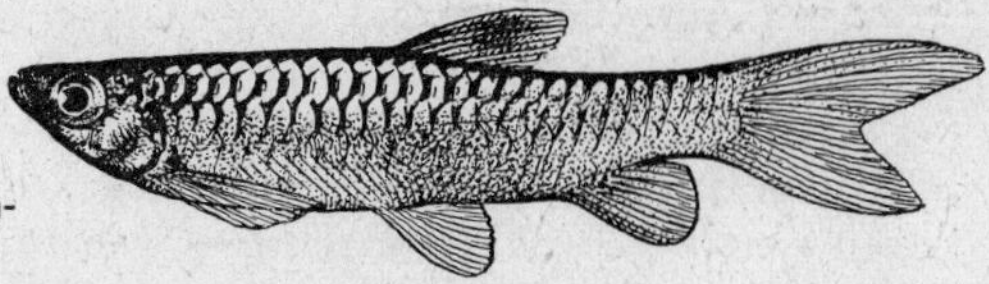

Abb. 44 Der Forellensalmler

Eierlegende Zahnkarpfen *Cyprinodontidae*

Die sehr umfangreiche Familie ist in allen warmen Gebieten mit Ausnahme Australiens zu Hause. Während die Männchen sehr bunte ausgeprägte Farben haben und sich dadurch unterscheiden, ist die Färbung bei den weiblichen Tieren meist blaß. Auch die Unterscheidungsmerkmale der Arten sind oft nicht leicht festzustellen. Dadurch kommt es immer wieder zu Kreuzungen. Wir unterscheiden Boden- und Pflanzenlaicher. Die Tiere werden nicht alt. Sie sind keine Anfängerfische, erfordern ein Artenbecken. Die sogenannte Zeitigungsdauer (das ist die Zeit von der Eiablage bis zum Schlüpfen der Jungfische) kann 6–8 Monate (!) dauern. Die Tiere leben in ihren Heimatgebieten oft in Regentümpeln, und die Eier müssen solange im feuchten Schlamm des sonst ausgetrockneten Tümpels ruhen, bis ein neuer Regen neues Wasser in diese Tümpel bringt.

Streifenhechtling *Aplocheilus lineatus* (s. Foto 2). Zählt mit seinen gut 10 cm Länge zu den größten in dieser Familie. Er darf daher nur mit noch größeren Fischen vergesellschaftet werden. In seiner Heimat Südindien und Ceylon ist der Fisch ein Vertilger vieler Mückenlarvenarten. Trotz der relativen Größe der Fische genügt für die Zucht ein Becken von 40 cm Länge, das für einen Wasser-Oberflächenfisch allerdings möglichst ebenso breit, aber weniger hoch sein sollte. Die meist kräftiger gewachsenen Männchen sind intensiver gefärbt als die dunkleren weiblichen Hechtlinge. Die Tiere stellen keine so hohen Ansprüche an das Zuchtwasser, wie die vorher aufgeführten verschiedenen Salmlerarten. 12—14° DGH reichen bei einer Temperatur von 23—25° C aus. Feinfiedrige Pflanzen und eine zusätzliche Schwimmpflanzendecke als Schutz vor zuviel Oberlicht und gleichzeitigem Laichsubstrat sollen nicht fehlen. Ebenso eine Abdeckscheibe, da beim heftigen Treiben schnell einmal ein „Unglücksfall" in Form eines „Überbordgehens" eines Partners geschehen kann. Die Eier werden dann an die Schwimmpflanzen (Salvinia, Riccia) geheftet. Die Aufzucht der Jungen, die nach einigen Tagen schlüpfen, ist nicht schwierig.

Bunter Prachtkärpfling „Kap Lopez" *Aphyosemion australe*. Dieser wohl bekannteste Afrikaner ist einer der eingangs besprochenen typischen Tümpelfische. Diese kleinen, bis zu 6 cm langen Fischchen lassen sich gut nach Geschlechtern trennen. Wie alle Männchen der Gattung *Aphyosemion* ist auch unser „Kap Lopez" außerordentlich bunt, wogegen das Weibchen nur eine Anzahl roter Flecke auf bräunlichem Grund aufweist. Alle Arten sind recht lichtscheu und suchen in helleren Aquarien schnell Verstecke auf. Wir richten die nicht großen Aquarien daher dunkel ein: Ein mit dunklem Sand und Javamoos bedeckter Boden, eine Schwimmpflanzendecke als Schutz gegen zu starkes Oberlicht sagen den Tieren noch am ehesten zu. Das in der Heimat der Fische vorgefundene sehr saure Wasser mit pH-Werten unter 5 benötigen wir in dieser Zusammensetzung nicht. Doch sollte unser Zuchtwasser weich und durch das Hinzufügen von Torfextrakt unter 6,5 gehalten werden. Bei nicht so hohem Wasserstand (15 cm) bekommt den Tieren ein Zusatz von 1 Teelöffel Seesalz auf 10 Liter Wasser. Die Eier werden in die Pflanzen abgelegt, wobei eine unterschiedliche Zeitigungsdauer festgestellt werden kann. Bei Temperaturen

Abb. 45 Der „Kap Lopez" (oder Bunter Prachtkärpfling) ist der beliebteste Eierlegende Zahnkärpfling ♂

von 22—24° C schlüpfen die Jungen zum Teil schon innerhalb von 14 Tagen. Es ist zweckmäßiger, die Eier in andere Becken oder Glasschalen umzusetzen, als den Elterntieren ein dauerndes Umgesetztwerden zuzumuten. Die alten Tiere laichen in dieser Zeit ständig weiter, doch ist es günstiger, einen Partner vom anderen zu trennen und während dieser Zeit gut zu füttern. Besonders Mückenlarven werden von den Tieren gern genommen.

Kalabar-Prachtkärpfling *Aphyosemion calabaricum.* Dieser wunderschöne seegrüne Fisch mit roten Flecken bleibt leider etwas scheu, weshalb wir ihm ein Becken mit vielen zarten Pflanzen einrichten sollten. Das Weibchen ist wiederum bräunlich. Eine dünne Schicht feinen Torfmulls erleichtert den Tieren die Wahl, ob sie am Boden oder an den Pflanzen ihre Eier ablegen sollen. Diese Fische haben nämlich eine Mittelstellung zwischen den Haft- und Bodenlaichern, womit wohl auch die relativ kurze Zeitigungsdauer von nur 2 Wochen der weichschaligen Eier erklärt werden kann. Auch diese Tiere sind ausgezeichnete Springer, weshalb das Becken gut abzudecken ist. Die restlichen Zuchtmerkmale entsprechen denen der vorgenannten Art.

Fahnenkärpfling *Aphyosemion vexillifer.* Wieder eine seegrüne Art mit roten Flecken. Blaue und gelbe Bänder an der Schwanzflosse. Weibchen wiederum unscheinbar beigegelb. Haftlaicher, der also ein bepflanztes Becken nach Beschreibung der vorigen Art antreffen möchte. Auch hier relativ schnell schlüpfende Jungtiere (12 Tage). Becken ist abzudecken, da Springer.

Smaragdhechtling *Epiplatys ornatus.* Männliche Tiere mit schokoladenbrauner Grundfärbung mit vielen grünlichen Flekken. Seiten mit goldfarbenem Schimmer. Weibchen blasser. Zuchtbecken mit möglichst viel Oberfläche (40 x 40 cm). Die Tiere fühlen sich in mittelhartem Wasser wohl. Über Torf filtern und 1 Teelöffel Meersalz auf 10 Liter Wasser zugeben. Ein dickes Oberflächenpolster aus feinen Schwimmpflanzen wird bei regem Treiben der Männchen zur Aufnahme der hartschaligen Eier benötigt. Die Eier werden mit einem Flossenschlag in das Pflanzenpolster gebracht. Bei Temperaturen um 25° C schlüpfen die winzigen Jungen nach zwei Wochen. Die Laichperiode kann ebenso lange dauern, so daß es auch hier wieder zweckmäßig ist, die Eier mit den jeweils umgebenden Pflanzen umzulagern. Jungfische verschiedener Größe sind ebenfalls voneinander getrennt zu halten, da die größeren die kleineren schon jagen.

Floridakärpfling *Jordanella floridae.* Eine der wenigen Arten, die man mit einigen Abstrichen als brutpflegend bezeichnen kann. Die Tiere erinnern äußerlich schon ein wenig an einen Zwergbuntbarsch und sind in Gesellschaftsbecken nicht gerade „zart besaitet". Trotz anderslautender Meinung sollte das Zuchtbecken nicht zu klein sein. Eine Länge von 35—40 cm ist schon angebracht. Die Bepflanzung muß dicht und zartgliedrig sein. Bei Wassertemperaturen um 24° C und mittlerer Wasserqualität (um 12° DGH und pH 6,5) laichen die Fische nach stürmischem Treiben und verteilen dabei die Eier an viele Stellen. Nach der Ablage ist das Weibchen zu entfernen. Das männliche Tier bewacht das Gelege, muß jedoch, sobald die Jungen zu schlüpfen beginnen, ebenfalls aus dem Becken genommen werden. Eltern wie Jungtiere benötigen zum Lebendfutter auch pflanzliche Zusatzkost.

Blauer Fächerfisch *Cynolebias bellotti.* Der kleine Südamerikaner wird bis zu 7 cm groß. Männchen dunkelblau mit hellblauen oder weißen Flecken an den Seiten. Untere Körperhälfte bei Wohlbefinden mit grünlichem Schimmer. Das Laichverhalten dieser Tiere ist sehr interessant und oft beschrieben worden. Die Tiere bohren sich gern in den Boden ein, um dorthinein ihre Eier abzulegen. Das nicht zu große Nur-Glas-Becken von 35—40 cm Länge bekommt ein Bodenpolster aus Torffasern, das mehrere Zentimeter dick ist. Die Zuchttemperatur liegt bei 26° C. Das Wasser soll 4—6° DGH haben und leicht sauer sein. Bei dieser kurzlebigen Art (die Tiere werden fast nie 1 Jahr alt) haben die Eier eine längere Entwicklungszeit, die bei 5—6 Wochen liegt, jedoch auch hier innerhalb eines Geleges recht unterschiedlich sein kann. Verbleibende Eier müssen mit dem umgebenden Torf in frischem, doch möglichst gleichgearteten Wasser durchgespült werden. Der Torf wird vorsichtig ausgedrückt und wieder aufgelockert.

Streifenbachling *Rivulus holmiae* (s. Foto 3). Männchen und Weibchen sind gleichgroß und ein Unterschied nur an der stärkeren Färbung des männlichen Tieres festzustellen. Die Zuchtaquarien sollen mit 40 cm Länge nicht zu klein sein. Die Zusammensetzung des Zuchtwassers ist nicht so wichtig, wie bei manchen der vorgenannten Arten. Die munteren kleinen Springer lieben ein ordentliches Pflanzenpolster auf der Wasseroberfläche. Sie sind sehr wärmeliebend und verbringen viel Zeit an der Oberfläche. Trotzdem soll das übrige Becken ebenfalls gut bepflanzt sein. Bei 24—26° C setzen die Tiere ihre großen Eier über längere Zeit verteilt an den Pflanzen ab. Schon nach 2 Wochen schlüpfen die Jungen.

Buntbarsche *Cichlidae*

Die Buntbarsche sind seit jeher wegen ihres sehr interessanten Brutverhaltens die beliebtesten Pfleglinge der Züchter. Die Palette reicht von den ruhigen und friedfertigen (zu denen auch die Skalare und Discus zählen) bis zu den räuberischen Arten. Andererseits finden wir innerhalb der Gattungen Arten zwischen 4 und 60 cm. Sie sind von Afrika, Mittelamerika bis zu den warmen Gebieten Südamerikas beheimatet. Die meisten von ihnen sind Standortfische. Sie bewohnen langsamfließende oder auch stehende Gewässer, wo sie nach Freßbarem jagen. Bis auf die *Geophagus*- und einige *Tilapia*-Arten sind sie Fleischfresser und verlangen kräftige Kost. Die Zucht dieser recht unterschiedlichen Arten setzt einige Kenntnisse voraus. Wir unterscheiden Haftlaicher und Maulbrüter, doch unter den ersteren finden wir Unterteilungen nach Art des Laichsubstrats wie Pflanzenblätter, flache, frei liegende Steine, Höhlenwände. Das sind Dinge, die ein Züchter natürlich vor dem Einsetzen der Tiere in das Becken berücksichtigen muß. Stark wühlende Arten können das ganze Aquarium in seiner Innenausstattung durcheinanderbringen, also Dinge, die einer Zucht zuerst einmal nicht dienlich sind.

Blaupunktbuntbarsch *Aequidens pulcher* (früher: *latifrons*) (Foto 4). Da die Tiere bis zu 14 cm lang werden, benötigen sie zur Nachzucht ein Becken, das etwa 70—80 cm Länge haben sollte. Geschlechtsunterschiede lassen sich gut an den Formen der Rücken-, Bauch- und Afterflosse erkennen. Sie sind bei den Männchen länger ausgezogen und laufen spitz zu, während sie bei den weiblichen Tieren kürzer und abgerundet sind. In den Sandboden geben wir einige Schwertpflanzen nur als Raumaufteilung. Wir müssen die Pflanzen aber trotzdem noch unten beschweren (Streifen eines dünnen Bleirohres), da die Tiere später doch verschiedentlich den Sand „verarbeiten" und dabei die Pflanzen aus ihrem Bett drücken können. Da die Tiere gern auf flachen Steinen Eier ablegen, ist geraten, eine

Schieferplatte, wie man sie zum Abdecken der Vorgarten-Mauern verwendet, gut gereinigt, einzubringen. Da die großen Tiere mit ihren Verdauungsrückständen das Wasser stark verunreinigen können, sollte kräftig gefiltert werden. Der Filterinhalt sollte zweimal in der Woche gereinigt werden. Manche Tiere sind gegen Erkrankungen anfällig, weshalb ein wöchentlicher Wasserwechsel ($^1/_4$ bis $^1/_3$) ratsam erscheint. Die Eier werden, wie gesagt, an einer solchen Platte oder einem ähnlichen Stein abgelegt. Die Jungen schlüpfen nach ungefähr drei Tagen und werden dann von den brutpflegenden Eltern umgebettet. Bald schwimmen sie frei und müssen sogleich mit *Artemia*-Larven gefüttert werden. Vorsicht: Filtereinlauf mit einer Schaumpatrone abdecken!

Zwergbuntbarsch *Apistogramma agassizi* (s. Foto 5). Die größeren Männchen erkennt man wieder an den lang ausgezogenen Spitzen aller Flossen, besonders aber der Schwanzflosse. Obgleich die Tiere nicht größer als 8 cm werden, benötigen sie doch ein Becken von 60 cm Länge. Sie sind meist etwas scheu und längst nicht so robust und zutraulich wie die größere vorgenannte Art. Die Wasserwerte liegen bei 8–10° DGH, pH-Wert um 6,5 und die Zuchttemperaturen bei 24–26° C. Das Becken soll gut bepflanzt sein und eine Schwimmpflanzendecke haben, die das Oberlicht etwas dämpft. Eine halbe Kokosnußschale oder auch ein Blumentopf mit einem gebrochenen Einschwimmloch werden meist gern und willig angenommen. Wie auch aus dem Foto zu ersehen ist, laichen die Fische gern an der inneren Oberseite dieser „Höhlen". Die bevorzugten Stel-

Abb. 46 Die Männchen des Zwergbuntbarsches haben eine prächtige Beflossung. Die Weibchen sind kleiner und recht unscheinbar

len werden zuerst von beiden Partnern gesäubert. Nach dem Ablaichen soll man das Männchen entfernen, da ausschließlich das weibliche Tier die Brut pflegt. Die Jungen schlüpfen erst nach 3–4 Tagen und benötigen weitere 5–6 Tage bis zum freien Schwimmen. In der zwischen beiden Abläufen liegenden Zeit werden sie mehrmals umgebettet. Ungefähr drei Wochen nach dem Freischwimmen kann man die Fischchen von der Mutter trennen. Gefüttert wird mit feinem Lebendfutter.

Schwarzgebänderter Buntbarsch *Cichlasoma biocellatum.* Diese, besonders zur Laichzeit phantastisch gefärbten Tiere aus dem mittleren Amazonas sind beim Laichgeschäft reine Individualisten. Sie haben ihre eigene Vorstellung von der „Wohnraumgestaltung" ihres Zuchtbeckens. In den meisten Fällen bauen sie es erst einmal nach eigenem Ermessen um. Das muß

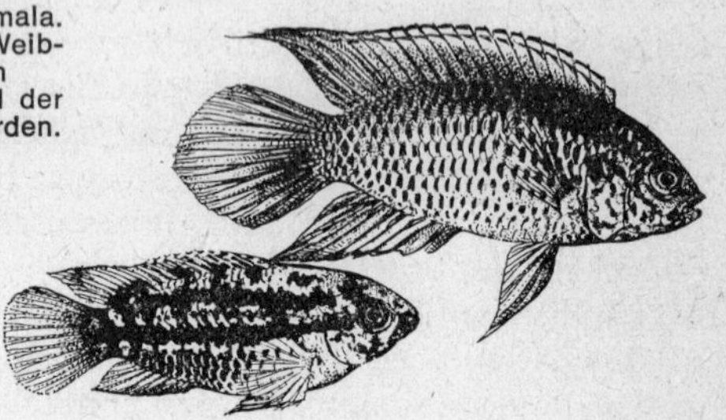

Abb. 47 Nannacara anomala. Das unscheinbar gefärbte Weibchen kann gegenüber dem bunten Männchen während der Laichzeit recht ruppig werden. ♂ oben, ♀ unten

aus der Sicht des Pflegers nicht schön sein! Pflanzen sind daher nicht in das Becken einzubringen. Sie würden nach kurzer Zeit erfahrungsgemäß an der Wasseroberfläche schwimmen. Die männlichen Tiere erkennt man außer an der kräftigeren Färbung und – besonders die älteren – an dem Wulst über den Augen. Beide Tiere sind in der Laichzeit besonders rauflustig. Sie werden bis zu 18 cm lang, lassen sich jedoch schon bei einer Größe von 10 cm nachzüchten.

Glänzender Zwergbuntbarsch *Nannacara anomala* (s. Foto 8). Dieser kleine, bis 8 cm große Südamerikaner aus Surinam benimmt sich besser als der vorgenannte „Bulle". Die Männchen werden recht bunt. Die weiblichen Tiere sind etwas kleiner und unscheinbarer gefärbt. Diese Art hat eine gewisse Ähnlichkeit mit *A. agassizi*, d. h. sie wühlt nicht und ist auch sonst recht verträglich. Die Tiere laichen in Höhlen und auch auf Steinen. In ihren Ansprüchen gleichen sie ebenfalls der Art *A. agassizi*.

Skalar oder Segelflosser *Pterophyllum scalare*. Neben dem kleinen Neon haben wir es hier mit „dem" Aquarienfisch schlechthin zu tun. Diese Majestäten in unseren Aquarien lassen sich nicht so schwer nachzüchten wie manche andere Arten und haben sich daher auch mehr und mehr durchgesetzt. Leider haben diese Zuchtmöglichkeiten viele „Züchter" aber auch veranlaßt, mit dieser Art manche „Spielchen" durchzuführen. Natürlich ist es verführerisch, immer neue Zuchtformen hervorzubringen, doch sollte das, was wir alle an diesen Tieren so lieben, eben das Majestätische, gewahrt bleiben.

Zur Zucht der Skalare benötigen wir ein nicht zu niedriges Becken – der Höhe der Tiere angemessen. Bei einer Mindestlänge von 80 cm sollte die Höhe nicht weit dahinter zurückbleiben, jedoch gibt man sich aus den verschiedenen statischen Gründen mit 60 cm zufrieden. Es ist klar, daß andere kleine Fische (wie etwa Neon oder Welse) in einem Zuchtbecken nichts zu suchen haben. Die Geschlechter sind bei diesen Buntbarschen nur schwer festzustellen. Man läßt die Tiere „sich selbst", nämlich durch ihr Verhalten bestimmen. Dazu gehört aber ein kleiner Schwarm, aus dem man dieses eine Paar herausfischt. Mitunter züchten die Tiere auch im größeren Verband, doch sollte man lieber nicht zu einer solchen Methode übergehen, da man das Geschehen nicht mehr überblicken kann. Skalare sind als ausgesprochene Pflanzenlaicher bekannt, d. h. sie legen ihre Eier fast immer unter den Blättern der Schwertpflanzen oder ähnlicher großblättriger Arten ab. Vor-

Abb. 48 Zwei Skalarvarianten: der normale und der marmorierte Skalar

her wird die Laichfläche peinlichst gesäubert. Die Eltern helfen den Jungen nach 1–2 Tagen beim Schlüpfen, indem sie sie aus den Eiern heraus„kauen". Die Kleinen werden darauf auf die Oberfläche der Blätter umgebettet. Beide Tiere pflegen die Jungen. Die Kleinen wachsen schnell heran. Ein häufiger Teilwasserwechsel und kräftiges, abwechslungsreiches Lebendfutter unterstützen ein schnelles Wachstum der oft überreichlichen Kinderschar. Wasserhärte 6–10° DGH, Temperatur um 28° C und ein pH-Wert, der möglichst noch unter 6,5 liegen sollte, sind die Ansprüche, die die Fische an das Wasser stellen.

Brauner Diskusbuntbarsch *Symphysodon aequifasciata axelrodi.* Nun werden manche Leser fragen: „Was hat denn dieser Problemfisch in diesem Buch zu suchen?" Darauf kann ich antworten, daß man nur das jeweilige Problem suchen muß. Meist liegt es heutzutage beim Wasser. In früheren Jahren kam es häufig vor, daß die Elterntiere, die man mühsam gefunden hatte, irgendwann von der „Lochkrankheit" hinweggerafft wurden. Inzwischen wurde mit der Sprudeltablette HEXA-ex ein sehr wirksames Mittel gegen diese Krankheit gefunden.

Wie schon bei den Skalaren besprochen, gehört das Finden der Paare zu den schwierigeren Dingen. Auch Spezialisten kennen da kein „Patentrezept", das heißt: man muß aus einer größeren Stückzahl dieser Fische die Geschlechter am Verhalten erkennen. Die aktiveren Männchen bedrängen die Weibchen. Haben wir ein Paar zusammen, so überführen wir die Tiere in ein ihrer Größe angepaßtes Becken von mindestens 200 Liter Inhalt. Ein Bodengrund sowie eine Bepflanzung erübrigt sich. Wer eine *Echinodorus* ins Becken bringen will, sollte sie mit Topf einsetzen, damit die Menge der eingebrachten Erde in

Abb. 49 Diskusfisch mit Jungen. Vergleichen Sie auch LB 73, MAYLAND, Diskusfische

Grenzen bleibt. Als Laichsubstrat wird allgemein eine umgestülpte tönerne Grabvase gern genommen. Die Wasserqualitäten, von denen ich eingangs schrieb, sind wichtig und unter dem Gesichtspunkt der besprochenen Themen „Wasser" (Leitfähigkeit und osmotischer Druck) und „Hygiene" zu betrachten. Weiches Wasser von 1–4° DGH mit möglichst niedriger Leitfähigkeit, dazu eine Filterung über Torf mit einem pH-Wert um 6,0 und Temperaturen um 28° C sind das mögliche Handicap.

Es kommt ja nicht allein darauf an, die Tiere zum Laichen zu bringen, vielmehr müssen die Jungen schlüpfen und groß gezogen werden. Da, wie an anderer Stelle erwähnt, die Jungen in den ersten Tagen ihres Lebens von einem Hautsekret ihrer Eltern leben (man bezeichnet sie daher oft im übertragenen Sinn als „Säugefische"), liegt eine weitere Schwierigkeit darin, sie im rechten Augenblick von diesen Ernährungsgewohnheiten auf die Annahme von kleinem Lebendfutter umzugewöhnen. Ein Füttern mit Infusorien entfällt also. Wer die Kleinen über diesen Punkt hinweggebracht hat, darf sich schon freuen. In den weitaus meisten Fällen kann man sich dabei natürlich nicht nur mit dem Futter allein behelfen, daß man im Zoofachhandel bekommt, sondern man muß sich die Mühe machen und auch „tümpeln", zumal die Elterntiere, die ja ausschließlich Lebendfutter aufnehmen, mit weißen und auch schwarzen Mückenlarven verwöhnt sein wollen.

Fünffleck-Prachtbarsch *Thysia annectens* (s. Foto 9). Ein kleiner afrikanischer Buntbarsch aus westlichen Regionen, der bis zu 10 cm Länge erreicht. Dieser Höhlenlaicher liebt Aquarien, die nicht zu hell beleuchtet sind. Das rotbäuchige Männchen hat einen unübersehbaren großen, seegrünen Fleck, der rot gesäumt ist, auf den Kiemendeckeln. Das weibliche Tier ist, wie ja fast immer, schwächer gefärbt und seine Flossen sind mehr abgerundet. Erwachsene Weibchen tragen beiderseits des Afters einen weißen Fleck, wie auch aus dem Foto gut zu erkennen ist. Alle *Pelmatochromis*-Arten zählen zu den wärmeliebenden Fischen. 24–26° C, eine Wasserhärte von 12–15° DGH und ein pH-Wert um 6,5 sind wohl als ausreichende Voraussetzungen an das Wasser anzusehen. Für diese Höhlenbrüter benötigen wir wieder einen Blumentopf oder besser eine Hälfte davon, die wir noch mit einer Steinplatte beschweren. Die Tiere haben nämlich die Angewohnheit, die vom Züchter eingebrachte „Höhle“ nach ihren Wünschen umzugestalten. Dabei wird dann noch etwas gebuddelt, und Mulden werden ausgefächelt. Wer eine Steinhöhle einrichtet, sollte diese erst im Trockenen vorbauen und alle Steine möglichst mit einem giftfreien Verbindungsmaterial (Siliconkautschuk) verkleben. Man läuft so nicht Gefahr, daß sie beim Wühlen den herrlichen Aufbau zum Einsturz bringen. Die Jungtiere schlüpfen nach ungefähr 60–70 Stunden. Nach dem Freischwimmen verbleiben sie noch einige Zeit in der schützenden Höhle, können aber schon darin (mit Pipette) gefüttert werden. Artemia-Nauplien werden gern genommen. Wenn bei dieser Fütterungsart Salz in das Zuchtwasser kommt, so ist das eher förderlich als abträglich. In ihrer westafrikanischen Heimat kommen die Fische in küstennahen Gewässern vor, in denen das Wasser hin und wieder leicht angesalzen wird.

Günthers Prachtbarsch *Chromidozilapia guentheri* (s. Foto 10). Das rabaukenhafte Verhalten der Tiere glaubt man schon aus dem Balzfoto erkennen zu können. Diese stattlichen Fresser, die über einen gesunden Hunger verfügen, erreichen eine beachtliche Größe (Männchen) von 14–16 cm. Auch bei dieser Art hat das Männchen wieder den seegrünen Fleck auf den Kiemendeckeln. Diese Art zählt zu den Maulbrütern, bei denen beide Elterntiere die Eier ausbrüten. Nach der Eiablage werden die Eier gleich ins Maul genommen, wo auch die geschlüpften Jungtiere noch eine Weile verbleiben. Ist der Dottersack nach vielen Tagen aufgezehrt und die Fischchen schwimmen frei, müssen sie sofort mit kleinen Krebschen gefüttert werden. Manchmal zeigen sich die männlichen Brutpartner nicht so liebevoll, dann muß man sie entfernen.

Goldsmaragd-Buntbarsch *Nanochromis nudiceps* (s. Foto 11). Dieser Kongo-Cichlide ist auch unter den Liebhabern noch nicht weit verbreitet. Der bis zu 7 cm lange Zentralafrikaner ist ein sehr scheuer Geselle, was dazu beigetragen haben mag, daß er in den zwanzig Jahren seit seiner Einführung noch nicht den rechten Freundeskreis gefunden haben mag. Ihrer scheuen Natur entsprechend zählt diese Art zu den Höhlenlaichern. Schon an seinen ausgeprägten Körperformen ist das Weibchen zu erkennen. Die bei den Buntbarschmännchen bekannte kräftige Färbung geht bei dieser Art auch auf das Weibchen über. Untereinander sind die Fische recht streitsüchtig. Es sind genügend Versteckmöglichkeiten einzubringen, damit sich das Paar die für sein Laichgeschäft beste aussuchen kann. Dabei suchen sich die Tiere meist das abgelegenste im ganzen Aquarium aus. Mit Wasserwerten, wie bei *P. annectens* beschrieben, wird die auch dieser Art eigene „Bodenumwälzung" ausgeführt, weshalb Steinhöhlen gut zu befestigen sind. Die ovalen, gelblichen Eier sind nach drei Tagen ausgebrütet. Die geschlüpften Jungtiere schwimmen nach drei weiteren Tagen frei. Brutpflege betreibt nur die Mutter. Männchen entfernen.

Buckelkopfbuntbarsch *Steatocranus casuarius (s. Foto 12).* Als letzten der Buntbarsche sollten wir uns noch einen Modefisch „unter die Lupe" nehmen, einen Kongobewohner von nur 9 cm Länge, der wegen seines bulligen Aussehens und seiner welsartigen Schwimmweise auffällt. Der Fisch hat keine funktionsfähige Schwimmblase, die er für sein natürliches Leben in den Stromschnellen auch nicht benötigt. Hier hüpft und schwebt er von einem Versteck zum anderen.

Das buckelartige Fettpolster auf der Stirn zeigen in diesem imposanten Ausdruck nur die Männchen, während bei den weiblichen Partnern nur ein Ansatz davon zu sehen ist. Das Zuchtbecken soll mindestens 60—70 cm lang sein. Ein Blumentopf mit einem relativ kleinen Einschlupfloch ersetzt die Höhle. Oft wird, dem Trieb folgend, auch hier noch Bodengrund durch diese Öffnung ins Freie befördert. Die

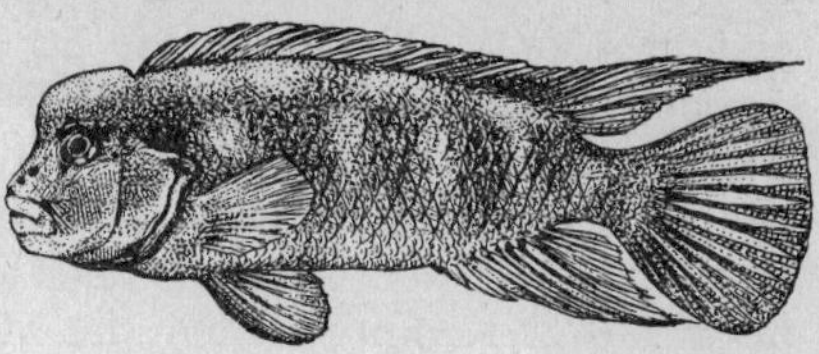

Abb. 50 Männchen des Bukkelkopfbuntbarsches. Das Weibchen hat keinen Buckel über dem Kopf

recht großen Eier werden an den Wänden des Topfes abgelegt. Bei einer Temperatur um 28° C und den sonst für die Buntbarsche üblichen Wasserwerten schlüpfen die Jungtiere nach knapp 30 Stunden, doch benötigen sie gut die zehnfache Zeit, um frei zu schwimmen. Dann werden sie von der Mutter betreut und umhergeführt. Sie fressen dann kleines Lebendfutter wie Artemia-Nauplien und auch Cyclops. Beide Tiere pflegen die Jungen bis zu einer Größe von ungefähr 2 cm, erst dann läßt der Bruttrieb nach, und die Fischchen sind sich selbst überlassen.

Labyrinther/Kletterfische *Anabantidae*

Diese in ganz Südostasien und dem tropischen Afrika verbreitete Familie schließt wieder, neben den lebendgebärenden Zahnkarpfen, viele Anfängerfische ein. Ein zusätzliches Atmungsorgan, das Labyrinth, gestattet es den Fischen, neben dem im Wasser gelösten Sauerstoff auch atmosphärische Luft zu atmen. Die Tiere sind also von der Natur dazu angepaßt, in sauerstoffarmem Wasser zu leben, einem Wasser also, das meist recht warm ist und nicht immer zu den saubersten gehören muß. In diesen Warmwasserzonen bauen die Fische ein Schaumnest an der Oberfläche des Wassers. Das Nest wird besonders gern mit einer Verbindung (Verfestigung) zu Schwimmpflanzen angebracht. Ein verhärtendes Maulsekret umgibt die Luft und bildet so Bläschen für Bläschen.

Kampffisch *Betta splendens (s. Umschlagfoto).* Dieser sehr bekannte Fisch, inzwischen in fast allen Farbspielen gezüchtet, ist ein besonders bekannter Asiate. Die Geschlechtsunterschiede sind problemlos zu erkennen: Es werden nur Zuchtformen angeboten mit ausgesprochen großer Beflossung bei den Männchen. Die Flossen der Weibchen dagegen sind klein, und auch ihre Farbe bleibt weit hinter den protzig bunten Tönen der männlichen Partner zurück. Ihren Namen hat diese Art durch das bösartige Kampfverhalten der Männchen untereinander.

Sind die weiblichen Tiere laichbereit, so lassen sich oft die Eier durch den Leib erkennen. Die Männchen bauen die Schaumnester und locken die Weibchen hinein. Das weibliche Tier wird umschlungen und stößt in Rückenlage seine Eier in das Nest ab. Dieser Vorgang läßt sich mit den rechten Tieren oft nur durch das Heraufsetzen der Wassertemperatur im Aquarium erreichen. Bei normaler Halterungstemperatur um 27° C lassen wir die Wärme um 2—3 Grad ansteigen, um so die Balz in Gang zu bringen. Wir sollten uns allerdings hüten, zu junge oder aus anderen Gründen noch nicht laichreife Weibchen zur Paarung anzusetzen. Die Männchen treiben so stark, daß sie unwillige Weibchen zu Tode beißen können. Becken von 30—40 cm Länge reichen zur Zucht aus. Ein nicht zu hoher Wasserstand, einige nicht zu dicht stehende Pflanzen und eine dünne Schwimmpflanzendecke, dazu ein weiches (6—8° DGH), über Torf gefiltertes Wasser mit einem lockeren Bodengrund, das sind die weiteren Ansprüche dieses Fisches.

Das Männchen übernimmt die Brutpflege. Aus dem Nest fallende Eier werden von ihm aufgelesen und wieder in den Schaum gespuckt. Zudem ergänzt das Männchen das Nest laufend mit neuen Bläschen. Das Weibchen haben wir inzwischen herausgefangen, da es vom Männchen dauernd angegriffen wird. Die Jungen schlüpfen nach 2—3 Tagen. Sie hängen schwanzab im Nest. Wenn sie sich freizuschwimmen beginnen, müssen wir auch das männliche Zuchttier entfernen, da es mit Nachlassen des Bruttriebes seine Kinder immer mehr als Futter ansieht und schließlich zu verspeisen beginnt. Die Kleinen werden nun mit feinem Staubfutter und lebendem Kleinstfutter versorgt. Die Jungen wachsen schnell.

Zwergfadenfisch *Colisa lalia* (s. Foto 14). Beheimatet im Gebiet von Nordostindien und Bangla Desh, zählt diese Art nicht nur zu den kleinsten, sondern auch zu den empfindlicheren und anfälligeren Fischen dieser Familie. Zur Zucht verwende man ähnlich große Becken wie für die vorgenannte Art. Die Bepflanzung darf ruhig etwas verkrautet sein. Das Schaumnest ist höher als das eines Kampffisches, weshalb auch die Schwimmpflanzendecke etwas dicker sein darf. Dieser schönste der Fadenfische macht uns das Erkennen der Geschlechter leicht. Die Männchen zeigen auch außerhalb der Laichzeit kräftige blaurote Färbung, wogegen die Weibchen mehr zu braunen und beigen Farbtönen tendieren. Temperaturen 25—27° C. Zucht wie bei *Betta splendens.*

Spitzschwanzmakropode *Macropodus cupanus* (s. Foto 13). Die 7—8 cm langen Fische benötigen nicht die hohen Zuchttemperaturen wie die vorgenannten Arten. Wegen der großen Nachkommenschaft sollte ein Makropodenzuchtbecken nicht zu klein gewählt werden. 50—60 cm Länge ist die unterste Grenze. Die Geschlechter lassen sich weniger nach den Farbunterschieden als vielmehr nach der Beflossung unterscheiden. Die Spitzen der Rücken- und Afterflosse sind bei den Männchen lang und fahnenartig ausgezogen. Ebenso ist die ganze Schwanzflosse wesentlich länger. Schon bei Temperaturen ab 22° C laichen die Weibchen ab, nachdem die Männchen ihnen das Schaumnest gebaut haben. Sonst wie *Betta.*

Knurrender Gurami *Trichopsis vittatus* (s. Foto 15). Bei den bis 7 cm groß werdenden Tieren sehen sich beide Geschlechter sehr ähnlich. Möglicherweise erkennt man beim Männchen eine spitzer und länger verlaufende Afterflosse. Besser lassen sich die Weibchen durch etwas rundlichere Formen von den Männchen unterscheiden. Die Art ist wieder wärmebedürftig und benötigt Wassertemperaturen zwischen 28 und 30° C. Sonst wie *Betta.*

Abb. 51 Knurrender Gurami

Panzerwelse *Callichthyidae*

Diese harten und genügsamen kleinen Burschen, die ausschließlich aus dem nördlichen und mittleren Südamerika kommen, findet man heutzutage in jedem zweiten Aquarium. Sie stellen keine Ansprüche und sind gleichermaßen als Aquarienpolizei zu gebrauchen, da sie mit ihren Barteln den Bodengrund dauernd nach Freßbarem absuchen. Aus dieser Familie sind inzwischen viele Arten nachgezüchtet worden. Vor dem Zuchtversuch sind die Tiere gut zu füttern, da das Laichgeschäft besonders für das Weibchen eine anstrengende Sache ist.

Metall-Panzerwels *Corydoras aeneus*. Geschlechtsunterschiede nicht leicht festzustellen. Weibchen größer. Die Männchen sind schlanker. Meist ist die Rückenflosse an der oberen Seite spitzer bei den männlichen Tieren. Das Becken soll nicht zu klein sein und ist mit 50–60 cm Länge wohl als ausreichend anzusehen. Der feinsandige Boden wird derart bepflanzt, daß die Pflanzen in Gruppen beieinanderstehen. Panzerwelse lieben kein helles Licht. Da die Tiere gern den Boden bearbeiten, ist eine gute Filterung angebracht.

Einem laichreifen Weibchen gesellen wir zwei oder drei Männchen zu, nachdem wir den Pflanzen zum Anwachsen genügend Zeit gelassen haben. An dem Verhalten des Weibchens gegenüber den männlichen Tieren sollten wir möglichst rechtzeitig die Paarbildung erkennen und die restlichen Partner

Abb 52a Zwei oder drei Männchen gesellen wir zu dem größeren Weibchen (Mitte)

a

b

Abb. 52b Das Weibchen hat sich einen Partner unter den Männchen gesucht

c

Abb. 52c Nun sollen die restlichen männlichen Tiere herausgefangen werden

d

Abb. 52 Das Weibchen laicht ab. Die Eier werden hier an ein Pflanzenblatt geklebt. Danach werden sie vom Männchen befruchtet

entfernen. Nun erst bringen wir die Temperatur, die bisher um 22–23° C am Boden lag, auf die Zuchthöhe von 25–26° C. Im Verlauf der folgenden Tage wechseln wir das Wasser täglich derart, daß dabei Temperaturschwankungen um 5 Grad nach unten entstehen. Bei guter Fütterung laichen die Tiere bald ab. Die Eier werden im ganzen Becken an alle möglichen Substrate geheftet. Ist die Eiabgabe vermutlich beendet, so setzen wir die Tiere aus dem Becken, um nicht Gefahr zu laufen, daß die Eier verspeist werden. Die Jungen schlüpfen bei 23–24° C nach 4–6 Tagen und werden mit feinem Lebendfutter, später auch mit Trockenfutter, aufgezogen.

Goldstreifen-Panzerwels *Corydoras schultzei* (s. Foto 16). In allen Zuchtbelangen gleiche Ansprüche wie vorgenannte Art. Wasser weich bis mittelweich, doch nicht zu sauer.

Abb. 53–56 Von oben nach unten: Corydoras julii, C. paleatus, C. schultzei und C. melanistius, alles Panzerwelse, die sich ähnlich den beschriebenen Arten züchten lassen

X. Literaturhinweise

JACOBS, K.: Die lebendgebärenden Fische der Süßgewässer. Verlag Harry Deutsch, Frankfurt.

MAYLAND, Hans J.: Aquarianers Bastelbuch. Lehrmeister-Bücherei Nr. 49, Albr. Philler Verlag, Minden.

MAYLAND, Hans J.: Die Buntbarsche Afrikas. Lehrmeister-Bücherei Nr. 75, Albr. Philler Verlag, Minden

MAYLAND, Hans J.: Die Buntbarsche Amerikas. Lehrmeister-Bücherei Nr. 74, Albr. Philler Verlag, Minden

MAYLAND, Hans J.: Diskusfische. Lehrmeister-Bücherei Nr. 73, Albr. Philler Verlag, Minden.

NACHSTEDT, TUSCHE und GREMBLEWSKI: Züchterkniffe. Band I, II, III, IV. Kernen-Verlag, Stuttgart.

OSTERMÖLLER, W.: Fische züchten – nach Rezept. Kosmos Verlag, Stuttgart.

PINTER, H.: Handbuch der Aquarienfisch-Zucht. Kernen-Verlag, Stuttgart.

STAECK, Dr. W.: Cichliden. Engelbert Pfriem Verlag, Wuppertal.

WHITNEY, L., und HÄHNEL, P.: Alles über Guppys. Kernen-Verlag, Stuttgart.

WICKLER, W.: Das Züchten von Aquarienfischen. Kosmos Verlag, Stuttgart.

XI. Register nach wissenschaftlichen Namen

XII. Register nach deutschen Bezeichnungen